«VARIA»

BRIGITTE HEMMERLIN
VANESSA PONTET

MIKA
LA STORIA

Aggiornamento dell'edizione italiana
a cura di Fabrizio Basso

Sperling & Kupfer

Traduzione di Patrizia Luppi
Mika

Questa edizione è pubblicata in accordo con Grandi & Associati

ISBN 978-88-200-5630-8
92-I-14

I capitoli 15 e 16 non sono presenti nell'edizione originale ma sono di titolarità esclusiva di Sperling & Kupfer Editori S.p.A.

L'editore ringrazia Margherita Butti per la preziosa collaborazione.

Realizzazione editoriale a cura di Studio Dispari

INDICE

1
UNA CULLA DI CENERE

AGOSTO 1983. Il pomeriggio è iniziato da poco e a Beirut fa un caldo soffocante. Quaranta gradi all'ombra? Di più? Non importa, passerà. Gli abitanti aspettano con impazienza il tramonto, che farà scendere un po' la temperatura. In Libano l'estate è un supplizio, ma la vita deve seguire il suo corso: tra poco nel quartiere degli affari ci sarà di nuovo una certa animazione.

È lì, nel pieno centro della città, che vivono i Penniman: il padre Michael, un agiato banchiere di nazionalità statunitense, la madre Jonni, libanese, e le loro due figlie, Yasmine e Paloma. Tra qualche giorno arriverà un altro bambino ad allargare la famiglia. Secondo i medici è un maschietto. Jonni non vede l'ora che venga al mondo. Tutto è già pronto: la cameretta, il corredino, i giocattoli... È davvero tutto a posto? In realtà no, c'è qualche divergenza su come chiamare il piccolo che sta per nascere. Il padre ha deciso di dargli il proprio nome, Michael: dignitoso, classico, suona bene in tutte le lingue. Ma Jonni preferirebbe chiamarlo «Mika». Il problema è che in arabo marocchino significa «sacchetto di plastica»! Anche per chi vive in Libano è un nome piuttosto strano...

18 agosto. Finalmente il momento è arrivato e Jonni ha messo al mondo un bambino perfetto. Per lo stato civile si chiama Michael Holbrook Penniman. Ma il suo soprannome rimane «Mika»: ha un suono breve, melodioso e perfino brillante. Tutta la famiglia è d'accordo, gli sta benissimo. Come ogni madre al mondo, Jonni si china sulla culla del piccolo facendo mille progetti per lui. Un giorno questo neonato roseo e paffuto sarà un avvocato, o forse un medico. O, chi lo sa, uno scrittore. In ogni caso, lei si impegnerà per farlo studiare nelle migliori scuole. Il bambino ha già un vantaggio: parlerà l'arabo libanese, il francese e l'inglese, le tre lingue che i Penniman usano regolarmente anche a casa.

Felice per la nascita del piccolo, Jonni non può ignorare tuttavia le condizioni molto difficili nelle quali vive la famiglia. Beirut, elegante città portuale che ha avuto il suo momento di gloria nell'Ottocento, quando gli occidentali ne hanno fatto un grosso centro di commerci, fino a pochi decenni prima era una superba capitale, il polmone culturale di un Paese in piena prosperità. Alla nascita di Mika, ormai non è altro che una città martoriata, dalle strade disseminate di rovine. La guerra civile, in corso dal 1975, oppone cristiani e musulmani in una serie di scontri sanguinosi e fratricidi. Un anno prima che Mika nascesse, inoltre, l'esercito israeliano ha lanciato l'operazione «Pace in Galilea», destinata a far cessare il lancio di missili sul Nord di Israele da parte dell'OLP, l'Organizzazione per la liberazione della Palestina.

Per la famiglia Penniman, come per tutti gli abitanti della città, è stato un incubo. Le truppe super addestrate di Tsahal, l'esercito israeliano, si sono spinte fino a Beirut e l'hanno assediata per settimane. Nello stesso tempo, una pioggia di bombe è caduta sui quartieri ovest, dove abita una popolazione in maggioranza musulmana, all'interno della quale si ritiene che si nascondano i terroristi del movimento sciita Hezbollah. Ma non è stata risparmiata neppure Beirut est, dove risiedono per la maggior parte i cristiani libanesi. Nella memoria di Jonni è impresso il ricordo recente dell'incendio che ha devastato la Foresta dei Pini, il parco principale della città, delimitato da un lato dai quartieri musulmani e dall'altro da quelli cristiani.

Quel luogo, che era un'oasi di calma e di pace, è ormai completamente distrutto a causa delle fiamme, come la maggior parte degli edifici che lo circondano. Il ritorno delle truppe internazionali, che avevano lasciato Beirut prima dell'offensiva israeliana, ha portato una parvenza di tregua. Ma sarà di breve durata.

23 ottobre 1983. Sono le 6.20 del mattino e Mika, che ha appena due mesi, dorme tranquillamente nella sua culla; anche sua madre si riposa dopo avergli dato la prima poppata. A qualche chilometro dall'appartamento silenzioso dei Penniman, un uomo si sta preparando a morire. La storia non registrerà né il suo nome né il suo volto. Soltanto l'orrore dell'atto che sta per compiere. Al volante di un camion pieno di esplosivo, il giovane palestinese si scaglia contro il quartier generale delle forze statunitensi. Jonni avrà sentito, da dove si trovava, la terribile deflagrazione, le sirene delle ambulanze e delle macchine della polizia? Il quartier generale degli Stati Uniti ormai è solo una rovina fumante, dentro la quale sono morti 241 marine. E non è finita. Qualche minuto dopo, a molte centinaia di metri da lì, esplode anche il Drakkar, lo stabile dove risiedono alcune truppe francesi. Cinquan-

totto paracadutisti muoiono nell'attentato, che come il precedente viene subito rivendicato da una nuova organizzazione terrorista sciita: la Jihad islamica.

Questi tragici avvenimenti segnano la fine di ogni speranza di ristabilire rapidamente la pace in Libano. Nel febbraio 1984, le ultime truppe internazionali rimaste sul posto lasciano il Paese. Migliaia di libanesi allora decidono di andare a vivere all'estero, terrorizzati all'idea di vedere la propria patria sprofondare nel caos e nella violenza. Tra loro ci sono anche i Penniman.

Il rumore delle esplosioni. Lo schianto degli edifici che crollano. L'odore di fumo che si diffonde dalle costruzioni in fiamme. L'angoscia di una popolazione torturata, intrappolata fra le diverse fazioni. Ecco che cos'ha conosciuto Mika all'inizio della sua vita. Certo, è un bambino allevato con amore. Non esce molto dall'appartamento in cui vive con la sua famiglia, ma è circondato da tenere attenzioni. Ciò nonostante, ancor oggi Mika soffre di un vero e proprio terrore per i rumori che fanno pensare a un'esplosione. Eppure ha mantenuto anche un fortissimo attaccamento, e lo si vedrà più avanti, nei confronti del Paese tormentato dove è nato e che ha lasciato quando aveva sei mesi.

Alla fine della Seconda guerra mondiale gli inglesi,

non sapendo come risolvere il problema di quegli ebrei europei – per la maggior parte sopravvissuti ai campi di concentramento – che tentavano di forzare il loro blocco e di stabilirsi in Palestina, hanno aperto a Cipro dei campi di detenzione. Nella stessa isola vanno a vivere, almeno per un certo periodo, centinaia di libanesi che fuggono dal loro Paese devastato.

E così fanno i Penniman, ma né Jonni né suo marito hanno intenzione di stabilirsi sull'isola. La loro vera destinazione è la Francia. Michael Penniman ritiene che non avrà difficoltà a trovare un nuovo lavoro in ambito finanziario e, da parte sua, Jonni potrà cercare una buona scuola alla quale iscrivere le sue figlie. Nella cerchia dei libanesi espatriati, molto numerosa a Parigi, ritroveranno poi il sapore della patria perduta.

In effetti, nel 1984 la famiglia Penniman si stabilisce in un quartiere molto tranquillo e molto chic di Parigi, il XVI *arrondissement*. Un posto quieto, sulla riva destra della Senna, dove Mika può crescere all'ombra dei grandi platani che fiancheggiano le vie. Non lontano c'è il grande Bois de Boulogne, il parco dove fa i suoi primi passi tra il verde. Degli anni trascorsi a Parigi, Mika ha conservato soltanto dei bei ricordi:

«La mia infanzia è stata perfettamente felice», dirà nel 2007 a un'emittente britannica. «Ero uno dei bambini privilegiati dei bei quartieri parigini. Era fantastico!»

Ancora oggi, il giovane cantante si ricorda del grande appartamento in cui la sua famiglia viveva allora. Si può immaginare un posto migliore per crescere di una di quelle abitazioni parigine dove le stanze padronali sono separate da quelle di servizio grazie a lunghi corridoi? Un territorio perfetto per i giochi, dove non è difficile immaginare il bambinetto bruno, con una ciocca di capelli che gli pende di lato, mentre gioca a nascondino con le due sorelle... che diventeranno presto tre. Poco tempo dopo, i Penniman avranno infatti un'altra figlia, alla quale verrà dato il bel nome di Zuleika. Tutti sono inteneriti da questa neonata dai capelli radi, che guarda il fratello con grandi occhi interrogativi. Ma è anche lei una femmina, e di stare tra le bambine Mika ne ha già abbastanza.

«Da piccolo era un rompiscatole», confiderà Yasmine alla rivista *Elle* nell'agosto 2009. «Veniva nelle nostre stanze a tirarci i capelli.» Un comportamento piuttosto comune per un bambino piccolo circondato da tre sorelle!

Meno prevedibile è il malessere che colpisce Mika quando comincia ad andare alla scuola materna. Jonni e Michael Penniman, che intendono dare un'educazione eccellente ai loro figli, li hanno iscritti al Cours Victor Hugo. Un istituto dove i bambini devono portare la divisa fin dalla scuola materna. Mika non ha ancora quattro anni ed è obbligato a vestirsi, come tutti i suoi compagni, con una giacca o un maglione blu su calzoni lunghi o corti, con camicia bianca e cravattino. Una tenuta un po' fuori moda, che si rassegnerebbe a portare se non fosse così rotondetto: la sua è una ciccia infantile dovuta forse alla ricca cucina libanese della mamma, o forse semplicemente ai geni ereditati da lei, dato che Jonni Penniman è una donna ben in carne. Che soprannomi gli avranno affibbiato, in quei primi anni di scuola? Non devono essere stati molto gradevoli. In effetti, Mika è un bambino solitario, che aspetta solo il suono della campanella per tornare a casa, l'unico posto dove si trova bene, vicino a una mamma che adora e dalla quale è assolutamente ricambiato.

Al suo fianco, Mika cresce circondato dall'amore e sorretto dai buoni principi, come un piccolo albero da frutta attaccato solidamente al suo palo, che lo mantiene bello dritto mentre si sviluppa: è il rigore dal quale spesso nascono i grandi talenti, ma quella di Mika è anche un'infanzia dorata, vissuta in un'atmosfera spensierata e piena di privilegi. Durante le vacanze scolastiche, la famiglia si rilassa buona in Normandia o nel Sud della Francia. Il denaro non manca mai, almeno in quel periodo. L'esistenza sarebbe di una tranquillità e di una quiete assolute, se i genitori Penniman non fossero dotati di un temperamento a dir poco vulcanico.

Chi ha visto *La bisbetica domata*, nella versione cinematografica con Elizabeth Taylor e Richard Burton, può farsi un'idea dell'atmosfera che regna tra i due. Jonni, che non per nulla è una donna mediterranea, in genere è la prima ad aprire le ostilità. Le basta poco per arrabbiarsi, gridare, urlare, e il marito non è da meno. Le liti, molto aspre, immancabilmente finiscono in una riconciliazione, con grande gioia dei bambini.

«Ogni volta che mio padre litigava con mia madre, ci guadagnavamo un viaggio», racconta Mika il 23 gennaio 2007 al blogger statunitense Dan. «Non dimenticherò mai i grandi litigi che ci hanno portato in Portogallo, a Roma e a New York. Se si pensa che eravamo cinque bambini, si può immaginare la portata di quegli spostamenti, che ogni volta erano una vera avventura.»

Cinque bambini? Sì. Perché se il numero di viaggi è proporzionale a quello delle liti, è vero anche che tra un aereo e l'altro una sorpresa aspetta il piccolo Mika. La pancia arrotondata della mamma annuncia il prossimo arrivo di un neonato in famiglia. Ancora una volta, Mika prega con ardore perché non sia un'altra bambina.

1988. Finalmente! Mika non è più il solo figlio maschio dei Penniman. Ha un fratellino con il quale potrà giocare con i Lego, far correre le macchinine, mangiare quei rotolini di liquerizia che gli piacciono tanto e ignorare le pose delle sorelle. Fortuné, com'è stato chiamato, è ancora molto piccolo, ma grazie a lui l'equilibrio è stato ristabilito. In attesa che cresca, Mika sfugge alle sorelle installandosi davanti al televisore.

È lì, davanti al piccolo schermo, che nasce la sua passione per... Chantal Goya. Le sue canzoni per bambini non hanno più segreti per lui. Nella sua camera, Mika le canta a squarciagola con grande fastidio di tutta la famiglia, alla quale piacerebbe che qualche volta cambiasse repertorio. Ma a lui importa poco. Mika, bambino sognatore dai riccioli scuri, continua a perdersi nell'universo fantastico del suo idolo. Forse si deve a quest'epoca della sua vita la presenza di animali di peluche sulla scena del suo primo tour? In ogni caso, il cantante dichiarerà molti anni più tardi a Nikos Aliagas, della radio francese NRJ, che a quei tempi era «fissato» con Chantal Goya.

«E conosce ancora a memoria le parole delle sue canzoni?» domanda Aliagas.

«Certo, a memoria!»

E Mika intona all'istante *Bécassine, c'est ma cousine* (Bécassine è mia cugina)... Qualche giorno dopo, sulla stessa radio, la cantante francese più amata dai bambini degli anni Ottanta sta al gioco e si presta senza complessi a interpretare una delle hit di Mika, *Relax (Take It Easy)*.

«Magnifico!» conclude Nikos Aliagas. «Bisogna assolutamente che io organizzi un incontro fra voi due.»

Sarà un grande momento, non abbiamo dubbi. Ma per fortuna, grazie a sua madre, il piccolo Mika non ascolta solo canzoni per bambini. A Jonni Penniman piacciono Françoise Hardy, France Gall, Serge Gainsbourg e la cantante libanese Fairouz, ma anche artisti americani come Bob Dylan e Joan Baez. Senza dimenticare Tino Rossi, di cui Mika è ancora oggi un fan.

«Adoro la sua maniera di cantare», confiderà il 15 settembre 2009 ad alcuni lettori del *Parisien* che lo intervistavano per lo stesso quotidiano. E aggiunge ridendo: «Posso dirlo? All'estero, quando cito il nome di Tino, la gente non ha la minima idea di chi sia, eppure è stato tra i cantanti che hanno venduto il maggior numero di 45 giri nella storia».

Il bambino ha gusti molto eclettici, come si può constatare, che si fermano però alle soglie del rock'n'roll: Mika lo scoprirà più tardi, quando farà i suoi primi passi da musicista.

Ma non siamo ancora arrivati a quel punto. A sei anni, Mika incomincia appena a capire quanto la musica sia importante per lui. Nella sua camera, armato di un lettore CD e di un radioregistratore (è ancora l'epoca delle cassette), prepara dei nastri con le canzoni più diverse, che cataloga non per artista o per genere, ma a seconda delle emozioni che gli procurano: le melodie gioiose, quelle «scorbutiche» e via dicendo. Sono delle compilation singolari, almeno per un bambino della sua età.

Do, re, mi, fa... Nel soggiorno di casa Penniman si diffonde il suono del pianoforte. È Paloma che si esercita con le scale. In piedi nel corridoio, Mika ascolta e guarda. Gli piacerebbe tanto essere seduto al posto della sorella e far correre le dita sulla tastiera! A volte prova a suonare da solo, chiudendo gli occhi per immaginare il suono che produrrà. Perché sua madre dice che è troppo giovane per prendere lezioni come le sorelle maggiori? Mika è sicuro che otterrebbe risultati migliori di loro. Dato che le cose stanno così, proverà a tutta la famiglia che non solo sarebbe in grado di suonare, nonostante la sua giovanissima età, ma che è capace di comporre senza aver mai preso lezioni. Nasce così il primo pezzo per pianoforte solo dell'artista, intitolato *Collera*. E oggi dice sorridendo che era semplicemente... atroce.

Come sempre, Mika riesce ad averla vinta e comincia anche lui a prendere lezioni di pianoforte. In un'intervista del gennaio 2010 all'emittente Europe 1, il cantante ricorda quei momenti con humour: «Ho cominciato a Parigi con un maestro russo che aveva un alito spaventoso, un misto di caffè, sigarette e acciughe. Quando se ne andava, mettevo il profumo di mia madre sulla tastiera per scacciare l'odore. Poi ho avuto come insegnanti due sorelle, due vecchie signore che venivano anche loro a casa nostra. Mentre una mi dava lezione, l'altra ricamava».

C'è da sperare, per le orecchie di tutta la famiglia, che le lezioni di pianoforte abbiano un po' placato gli ardori del giovane compositore.

«Mika?»

Le 3 del mattino. Jonni si alza. Ha sentito del rumore nel corridoio. Senza accendere la luce, per non svegliare il marito, scivola fuori del letto e poi esce dalla camera a passi felpati. Davanti a lei, con il pigiama e a piedi nudi, cammina il figlio.

«Mika? Cosa fai?»

Jonni lo chiama a voce bassa. Lui non le risponde. Non si gira nemmeno. È una delle sue crisi di sonnambulismo. Per quale ragione questo bambino, che di giorno è allegro, vispo e giocherellone, di notte è tanto tormentato da camminare nel sonno? Jonni farebbe qualsiasi cosa per saperlo. Vorrebbe tanto anche che esistesse una cura, perché Mika le ha appena fatto prendere un grande spavento: qualche giorno prima è sceso in strada in pigiama. Sembra incredibile, ma sono stati gli spazzini a ritrovarlo, intirizzito, e l'hanno riportato a casa dopo averlo un po' riscaldato. Quando hanno suonato alla porta e Jonni li ha visti accanto al figlio, ha creduto di morire di paura.

«Mika?»

Jonni chiama il bambino per la terza volta. Poi, siccome continua a non reagire, si avvicina a lui e molto dolcemente lo fa girare su se stesso, lo riporta nella sua camera, lo rimette a letto e gli rimbocca con tenerezza le coperte. Se sapesse quali tormenti si nascondono sotto l'aspetto sereno del figlio, sarebbe molto più inquieta di quanto già sia.

«A quell'epoca», confiderà il cantante nel novembre 2009 al quotidiano britannico *The Times*, «ero convinto che saremmo tutti morti in una specie di palazzo di cemento da fine del mondo, con addosso le maschere antigas e come unici vestiti i sacchi della spazzatura.»

Nei suoi incubi più cupi, il piccolo Mika vede un mondo in guerra. Che questo accada a causa dei ricordi del passato o che si tratti di una premonizione, è vero in ogni caso che un conflitto sta per sconvolgergli la vita.

2
DI NUOVO LA GUERRA

SONO le 13 di giovedì 2 agosto 1990. Sull'emittente televisiva francese Antenne 2, il giornalista Rachid Arhab apre il telegiornale con la notizia di un avvenimento che stravolgerà il destino di centinaia di migliaia di persone: «L'Iraq ha dichiarato guerra al Kuwait. È un po' come la lotta di Golia contro Davide. Da una parte l'Iraq (...) con il suo milione di soldati, l'esercito più grande del mondo, una delle più potenti forze militari del pianeta. Dall'altra il Kuwait, un Paese minuscolo, un emirato che può contare solo su 20.000 soldati (...). È una guerra impostata su conflitti di frontiera tra i due Paesi, ma è stata dichiarata soprattutto per una controversia sul prezzo del petrolio. Vi ricordo che il Golfo Persico, dove si trovano i ricchissimi Emirati, è un punto del mondo estremamente critico».

Le parole sono pronunciate con voce grave, velata

d'inquietudine. Il servizio che segue fornisce molti dati. Nella notte tra il 1° e il 2 agosto, 530.000 uomini sono entrati nel territorio del Kuwait; 2.600 carri d'assalto, 1.500 pezzi d'artiglieria, 1.700 veicoli blindati e 240 aerei hanno attaccato la capitale. Di fronte a questa armata, e a un'invasione preparata tanto minuziosamente, il piccolo esercito del Kuwait non ha potuto fare nulla. Commando iracheni trasportati su elicotteri e imbarcazioni hanno preso possesso dell'aeroporto e del palazzo presidenziale. Una gran parte della famiglia reale è riuscita a scappare, ma il fratellastro dell'emiro è stato arrestato dagli iracheni mentre tentava di fuggire con uno degli ultimi voli British Airways in partenza dal Paese. È stato ucciso a colpi d'arma da fuoco e poi, come atto intimidatorio, il suo corpo è stato steso davanti a un *tank* e schiacciato dal mezzo blindato. La popolazione civile del Kuwait è presa in trappola, in una situazione che appare disperata.

«Dio mio!» Jonni Penniman e i suoi cinque figli sono seduti davanti al televisore e guardano, come milioni di altre persone, le immagini del caos che si è stabilito in Kuwait. Paralizzati dall'orrore, vedono le case in rovina, con i muri segnati da decine di spari, e i corpi che giacciono sulle barelle in un ospedale gremito di feriti. Le donne piangono, i bambini gridano, gli uomini nascondono la faccia tra le mani. Sembra che in quell'angolo di mondo, ormai, non ci sia altro che sofferenza e morte. E Michael Penniman è proprio là, in Kuwait, dove si è recato per affari. È ancora vivo? È stato colpito durante i combattimenti? E se per miracolo si è salvato, come riuscirà a tornare in Francia? Jonni Penniman si sta torcendo le mani per la disperazione, ma si riprende subito. I suoi bambini la guardano con espressione ansiosa. Bisogna che lei li rassicuri, dopo tutto non può essere certa che sia successo il peggio. Ma come raggiungere Michael? I telefoni cellulari non sono ancora molto diffusi. I mezzi di telecomunicazione del Kuwait sono stati distrutti. Sempre più disorientata, Jonni capisce che può solo aspettare, facendo fronte intanto alla vita di tutti i giorni.

8 agosto 1990. Saddam Hussein, il presidente iracheno, insedia uno dei suoi cugini a capo del Kuwait, ormai annesso all'Iraq. I massacri e le violenze continuano. Migliaia di persone sono vittime di esecuzioni sommarie e vengono sotterrate in tutta fretta nelle fosse comuni. Si diffonde la voce che in certi villaggi le forze di occupazione usino i gas per uccidere. In televisione continuano a scorrere delle immagini terribili. E la

famiglia Penniman è in ansia costante, perché Michael non ha ancora dato nessuna notizia di sé.

Si saprà la verità molto più tardi, dalla bocca dello stesso Mika, in un'intervista del 20 aprile 2007 al giornalista inglese Fred Dove. Al momento dell'invasione, preso di sorpresa, Michael Penniman ha soltanto quattro ore di tempo per lasciare il Paese. Non riesce a raggiungere in tempo l'aeroporto e così perde gli ultimi voli in partenza dal Kuwait.

«Persone amiche hanno cercato di convincere dei beduini a farlo allontanare di nascosto attraverso il deserto, ma era troppo pericoloso», dirà ancora Mika.

Con mille stratagemmi, rischiando la vita, Michael Penniman riesce finalmente a rifugiarsi nell'ambasciata degli Stati Uniti. Ma anche là, come dappertutto, le linee telefoniche sono interrotte. Non ha la possibilità di comunicare con la sua famiglia, che in Francia continua ad angosciarsi per lui.

18 agosto 1990. Per Mika, che oggi compie sette anni, è un compleanno molto triste. Ormai è un bambino grande, ma preferirebbe essere ancora piccolo come il fratellino Fortuné, incapace di capire il grave pericolo che minaccia il padre, ammesso che sia ancora in vita. Mika, che è sempre stato sensibile, è fortemente colpito dall'ansia che la madre cerca peraltro

di non far trasparire. È un vento che spazza via le sue illusioni di bambino.

«La mia vita ha davvero vacillato, in quel momento», dirà in un'intervista a *Elle* del giugno 2009. «Ho perso ogni senso di sicurezza.»

Una schiarita in questo momento buio: Jonni Penniman e i suoi figli vengono finalmente a sapere che Michael non è morto né ferito e che si trova presso l'ambasciata degli Stati Uniti. Ma non per questo si può ancora dire salvo, tutt'altro. In Kuwait la situazione peggiora. Temendo dei bombardamenti come rappresaglia, Saddam Hussein rifiuta agli stranieri i visti d'uscita che reclamano e si serve di loro come di scudi umani. Il 23 agosto 1990, le emittenti televisive del mondo intero diffondono un servizio nel quale lo si vede dare con condiscendenza qualche pacca sulla spalla di un bambino inglese che si chiama Stuart Lockwood. «Ti danno del latte?» gli chiede con l'aiuto di un interprete. Poi si rivolge agli altri stranieri raggruppati dietro di lui e prosegue: «Noi speriamo che non sarà troppo lunga la vostra presenza qui come invitati. Lo scopo di essa, come potete capire senz'altro, è di evitare rappresaglie da parte dei vostri governi».

La telecamera passa poi sui volti degli «invitati» di Saddam Hussein. Con i lineamenti tesi e gli occhi pesti, fissano l'obiettivo senza dire niente. Michael Penniman non è tra loro, ma Jonni riesce a immaginare senza sforzo il calvario che deve sopportare come gli altri. Per saperne un po' di più, la famiglia non stacca gli occhi dai programmi della CNN. Michael e gli altri ostaggi rischiano di essere uccisi nonostante la protezione dell'ambasciata? Sono in buona salute? Hanno abbastanza da mangiare? È chiaro che rispondere a queste domande è impossibile. Di tanto in tanto Michael Penniman riesce a spedire alla sua famiglia un fax con l'intento di rassicurarla, allegando qualche disegno per i bambini e chiedendo loro di applicarsi bene agli studi; ma Jonni sa che tutto può cambiare molto in fretta, secondo gli azzardi della politica internazionale e i capricci di un dittatore che solo ora si comincia a capire a quali livelli di crudeltà possa arrivare.

15 gennaio 1991. È la data in cui Saddam Hussein deve tassativamente ritirare le sue truppe dal Kuwait; perlomeno, questa è la decisione presa dall'ONU.

«E se non lo fa?» Dall'alto dei suoi sette anni e mezzo, Mika interroga sua madre. Jonni non gli risponde subito. Gli deve dire che in questo caso le rappresaglie internazionali saranno inevitabili? Gli Stati Uniti, il Regno Unito, la Francia e trentun altri Paesi coalizzati entreranno in guerra contro l'Iraq. E in questo caso soltanto Dio potrà proteggere gli ostaggi.

«Allora, mamma? Se non lo fa?» Mika chiede di nuovo. Ma Jonni non ha la forza di rispondere. Deve farlo, d'altronde? Il suo viso sconvolto parla per lei. Due giorni più tardi, il 17 gennaio, le sue peggiori paure si realizzano. Alle 2.15 del mattino, ora di Bagdad, la coalizione internazionale guidata dagli Stati Uniti passa all'azione. L'operazione «Desert Storm» è cominciata e viene trasmessa in diretta dalle emittenti televisive del mondo intero. Jonni Penniman e i suoi bambini, sgomenti, vedono così cadere su Bagdad una pioggia di bombe. Sono immagini terrificanti, sebbene i giornalisti nei loro commenti parlino di interventi «chirurgici», destinati ad annientare bersagli ben delimitati. Davanti a questo diluvio di fuoco, come possono i Penniman non tremare per la sicurezza del loro caro? Seduto davanti al televisore come la madre e i fratelli, Mika ha paura. Tanta paura.

Per più di un mese, questa paura sarà purtroppo il suo peso quotidiano. Tuttavia deve andare a scuola come tutti gli altri bambini. Non si fa fatica a immaginare quanto gli costi concentrarsi sulle spiegazioni della maestra, né come, durante la ricreazione, rifiuti di unirsi agli altri bambini che corrono e gridano nel cortile. Mika pensa continuamente a suo padre. Sta bene? Come passa i giorni e le notti? Ha abbastanza da mangiare? È libero di muoversi? Gli hanno dato dei vestiti? Soffre il freddo? Quando risuona la campanella che annuncia la fine della ricreazione, il bambino si riscuote di soprassalto, risvegliato bruscamente dalle sue fantasticherie. Rientra in aula con gli altri, si siede e guarda la lavagna, ma continua ancora e ancora a farsi le stesse domande. Fino a quando, il 23 febbraio 1991, la prima e la seconda divisione dei marine e la prima dei blindati leggeri della fanteria statunitense entrano in Kuwait e prendono il comando di Madinat al-Kuwait, la capitale, altrimenti nota come Kuwait City. Li segue l'esercito del Paese.

Contro ogni previsione, i soldati iracheni non fanno molta resistenza. La capitale e il Paese sono facilmente riconquistati. Il 28 febbraio, il presidente USA George H.W. Bush annuncia il cessate il fuoco e la liberazione del Kuwait. Gli stranieri che erano ancora trattenuti come scudi umani o che si tenevano nascosti saranno rimpatriati. Finalmente Michael Penniman potrà tornare a casa. Sano e salvo. L'appartamento del XVI *arrondissement* risuona di gridi di gioia.

«Papà!»

La porta si apre e un'alta figura appare sulla soglia:

dopo lunghissimi mesi, Michael Penniman è ritornato. Eccolo davanti ai suoi. Li stringe tra le sue braccia uno dopo l'altro. Jonni per prima. Poi Yasmine e Paloma. Zuleika, Fortuné. E Mika. Poi tutti insieme, in un'allegra mischia al di sopra della quale risuonano scoppi di risa. Gli abbracci non finiscono mai. Con un po' di rammarico, i Penniman devono però allentare la stretta, sciogliere gli abbracci, prendere il tempo di guardarsi gli uni con gli altri, constatare che nel corso di quella terribile prova tutti sono cambiati. Tra i capelli di Jonni sono spuntati dei fili bianchi, Yasmine e Paloma sembrano ormai delle ragazze, Zuleika e Fortuné sono cresciuti. E Mika, quanto a lui, sfoggia un ciuffo di lato e una sicurezza del tutto nuova. Michael ha l'aria stanca e soprattutto è terribilmente dimagrito. Per forza!

«Credo che laggiù si sia nutrito solo di succhi di frutta e di tonno in scatola», racconterà Mika, sedici anni più tardi, al giornalista Fred Dove.

Jonni si impegna a far rimettere in sesto il marito, cucinando per lui piatti di *mezze*, i tipici antipasti libanesi, e altri cibi tradizionali. Ma presto deve arrendersi all'evidenza: Michael è uscito molto indebolito dalla dura prova che ha sopportato e fa fatica a riprendere le redini della sua vita. Per di più, nonostante gli sforzi della moglie, in sua assenza gli affari hanno cominciato a ristagnare. I clienti non gli danno più fiducia. Gli ci vorrebbe del tempo per rifarsi, ma lui non ne ha a disposizione. Durante i sette mesi della sua detenzione, per far sopravvivere la famiglia Jonni ha dovuto attingere dai loro risparmi. In quel momento, per la prima volta da quando si sono sposati, il denaro manca e i conti non pagati si accumulano.

I prestiti si fanno solo ai ricchi, dice la saggezza popolare. Michael Penniman e sua moglie lo sperimentano sulla loro pelle. Quando tutto andava bene erano circondati da direttori di banca attenti e amabili. Ora viene loro rifiutato qualsiasi credito. Gli ufficiali giudiziari inviano delle cartelle per somme impossibili da pagare. E, un giorno, uno di loro suona alla porta.

Un pignoramento è sempre qualcosa di crudele, tanto più quando si svolge sotto gli occhi dei bambini. Mika si ricorda ancora di quanto gli sia stato difficile guardare gli uscieri che svuotavano il loro appartamento dei mobili e dei quadri, senza dimenticare il televisore... Un trauma che gli fa capire che «nella vita non c'è mai niente di acquisito», come rivela a *Pure People* il 15 settembre 2009. Nel 1992, otto anni dopo aver lasciato il Libano in guerra per raggiungere la Francia, la famiglia Penniman deve fuggire di nuovo.

3

GOD SAVE THE QUEEN

WESTMINSTER Palace. Big Ben. Il London Bridge... Jonni e Michael Penniman hanno deciso di lasciare Parigi per Londra, che Mika scopre con grandi occhi meravigliati. È vero, è cresciuto all'ombra di Notre-Dame, del Louvre e di tutti i monumenti parigini carichi di storia, ma rimane lo stesso impressionato. Qui non c'è un presidente della Repubblica, ma una regina che si sposta su una carrozza tirata da quattro o sei magnifici cavalli, c'è un palazzo che trabocca di mobili antichi e di gioielli, senza contare un vecchio galeone ormeggiato nel Bankside: il *Golden Hinde* di sir Francis Drake riprodotto a grandezza naturale. Il Big Ben suona proprio come in una delle più celebri canzoni dei Beatles e certi *businessmen* portano ancora la bombetta. Quando si hanno otto anni come Mika, abitare a Londra è come vivere in una fiaba. In nessun momento il bambino rimpiange di aver traversato la Manica su un ferry sballottato sgradevolmente dalle onde. Quando incomincia a vivere nel *suo* nuovo Paese, è pazzo di entusiasmo.

I suoi genitori vedono le cose in maniera più pragmatica. In Inghilterra, il padre di Mika pensa di poter tornare nel mondo degli affari. Ormai conosce meglio di chiunque altro l'impatto della Guerra del Golfo sull'economia mondiale e crede di sapere come trarne vantaggio. Quanto a Jonni, anche lei decide di mettersi a lavorare in attesa di giorni migliori. Taglio e cucito non hanno segreti per lei e la sua immaginazione è fertile quando si tratta di vestire dei bambini. Così crea una linea di abbigliamento per l'infanzia... provando tutti i modelli sui propri figli.

Mika è orgoglioso del lavoro di sua madre, adora quello che lei fa. Cosa importante, le riconosce senz'altro del vero talento, perché è a lei che affida anche da adulto la realizzazione dei suoi costumi di scena.

A Jonni e Michael Penniman resta il problema di cercare un'abitazione confortevole, cosa non facile. Londra, città straordinariamente bella e animata, è infatti una delle capitali più care d'Europa. Anche gli affitti hanno dei prezzi esorbitanti. Nell'attesa di trovare una casa che sia insieme gradevole e conveniente, i sette componenti della famiglia Penniman sono quindi costretti a vivere in un bed & breakfast. Dovrebbe essere una soluzione provvisoria, ma si prolungherà per circa un anno.

Quando si ha abitato in un enorme appartamento parigino, bisogna possedere grandi risorse di immaginazione e di saggezza per accettare di coabitare in sette in uno spazio ristretto. Ma Mika è ancora in un'età in cui tutto è un gioco. Condividere il letto con il fratellino o con una delle sorelle è un'avventura appassionante come ritrovarsi in un bivacco in piena giungla, circondati da animali feroci. Si può parlare per ore, ritardando il momento di addormentarsi, o cominciare una lotta con i cuscini che la mamma verrà a interrompere molto presto. Mika non si priva di nessuna fonte di divertimento. Nutre un affetto grandissimo per le sorelle e il fratellino ed è ben conscio, nel profondo, che l'amore che lega la sua famiglia è la miglior barriera contro l'infelicità. I Penniman sono male alloggiati, ma stanno tutti insieme ed è questo l'essenziale. Non è un problema nemmeno che i giocattoli siano chiusi per la maggior parte negli scatoloni, nell'attesa che ci sia il posto sufficiente per tirarli fuori.

* * *

«Monsieur Penniman, stia dritto, per favore.»

Mika sospira. Poi ubbidisce. Da quando frequenta le elementari della scuola francese Charles de Gaulle, continua a sentirsi ripetere la stessa frase. In famiglia è felice, ma a scuola lo è molto di meno. Sempre con lo scopo di garantirgli una buona istruzione, sua madre lo ha iscritto in questo istituto frequentato dai figli di famiglie britanniche agiate e di ricchi espatriati, in maggioranza francesi. La scuola è situata in Cromwell Road, nell'elegante South Kensington, con le sue vie fiancheggiate da graziose case vittoriane, proprio in faccia al Museo di storia naturale. È un complesso scolastico autorevole che porta gli allievi fino alla licenza liceale. A causa del continuo arrivo di nuovi allievi, gli storici edifici di pietra scura sono stati ingranditi con annessi più moderni. Quando Mika inizia a frequentarlo, l'effettivo supera i duemila allievi. Diversamente dalla figlia maggiore di Madonna, Lourdes, o da Louis Sarkozy, figlio dell'ex presidente francese, che saranno anche loro iscritti per un certo periodo, il piccolo Penniman farà fatica a trovarsi a proprio agio nell'istituto; anche se, come le sorelle e il fratello, il francese è quasi una lingua madre.

All'inizio degli anni Novanta, l'abbigliamento dei giovani londinesi è basato soprattutto su jeans e

T-shirt bucate. Mika, che va verso i nove anni, resiste coraggiosamente alla moda, nutrendo una passione per i cravattini a papillon e i pantaloni di colori vivaci. Rossi, preferibilmente. Sul *Daily Mirror*, nel gennaio 2007, ricorderà il suo look con una certa nostalgia: «Da bambino avevo già uno stile appariscente. Portavo dei papillon coordinati con i pantaloni. In Francia, questo modo di vestire mi aveva dato il marchio del bambino un po' originale che piace a tutti. Ma quando sono arrivato a Londra, le cose sono cambiate e tutti quanti, a scuola, hanno cercato di farmi rientrare nella normalità».

Per quanto abbia ricevuto un'ottima educazione, Mika è già profondamente anticonformista. Si rifiuta di andare a scuola vestito come gli altri. Il suo abbigliamento, che alcuni giudicano bizzarro, la voce acuta dal leggero accento straniero, i capelli troppo lunghi, la figura rotondetta ne fanno il bersaglio degli allievi tanto perbene di South Kensington. In classe, è preso di mira appena gli insegnanti si girano per scrivere alla lavagna. Quando è interrogato, prima ancora di aprire bocca deve sopportare risatine e prese in giro. Alla mensa scolastica viene trattato malamente e spesso qualcuno gli fa cadere il vassoio. Quanto alla ricreazione, darebbe dieci anni di vita per evitarla.

«Era un incubo», dirà in un'intervista al *Daily Mail* del 28 dicembre 2007. «Era come se gli altri bambini sentissero che avevo qualcosa di diverso. Mi tormentavano continuamente.»

Tormentare è il termine giusto. Secondo uno dei suoi ex compagni di classe, gli altri non smettevano mai di insultarlo. «Frocio», «grassone», «bambolina» sono tra gli epiteti più gentili che gli vengono appioppati. I «grandi» non sono da meno: gli sbattono in faccia che «ha dei fianchi adatti a fare bambini»...

«Mi è rimasto tutto dentro», dirà nella stessa intervista al *Daily Mail*. «Sono delle cicatrici, provocate dagli altri, che non si vedono.»

Il calvario continua con gli insegnanti. Perché Mika è tutt'altro che un buon allievo. Distratto, pigro, chiuso, sembrerebbe piuttosto un fannullone. Invece lui cerca disperatamente di avere dei buoni risultati. Prova così a rientrare nei binari della normalità, vestendosi come gli altri e cercando di interessarsi ai videogame e al calcio. Ma il tentativo gli richiede un tale sforzo che presto deve rinunciare.

«Non potevo cambiare. E questo mi ha reso ancora più eccessivo», ammetterà sempre nell'intervista al *Daily Mail*.

Eccessivo? Forse. Stravagante senz'altro. Mika,

benché si senta escluso dai compagni e dagli insegnanti, continua comunque ad avere idee originali e sorprendenti. Poco prima delle vacanze di Natale 1993, il ragazzino di dieci anni decide di decorare la scuola, che è decisamente troppo austera. Ma non pensa proprio di confezionare delle ghirlande di carta, di colorarle e appenderle alle finestre, e nemmeno di acquistare lanterne e palle colorate. Mika vuole fare come i grandi e va a comprare un abete enorme. E poi lo trascina fino a scuola. Lo si può immaginare per le vie di Londra, un bambino in giacca e papillon, mentre si tira dietro l'albero cinque volte più grande di lui, per comparire alla fine in aula con il suo carico. Ma non lo aspettano felicitazioni o ringraziamenti, tutt'altro. Viene rimproverato severamente. Prima di tutto perché ha sporcato i locali impeccabili con la terra del vaso e gli aghi caduti dall'abete, poi perché è arrivato con tre quarti d'ora di ritardo. Così si becca due settimane di punizione.

D'altra parte, durante tutto il periodo in cui frequenta l'istituto Charles de Gaulle le ore di punizione gli piovono continuamente sulle spalle. L'istituto, che ha la reputazione di essere molto severo, non apprezza il modo di fare del piccolo eccentrico, che sembra fregarsene completamente delle regole. Anche quando cerca di integrarsi e di partecipare alla vita scolastica in occasione di una vendita di beneficenza, Mika si attira i violenti rimproveri del direttore: «Avevo venduto delle T-shirt e delle caramelle inviatemi dalle mie zie», confiderà al quotidiano *Le Parisien* il 15 settembre 2009. «Il ricavato era di cinque sterline. Avrei dovuto tenerne quattro e darne una alla scuola. Ma ho speso tutto. Allora ho preso tre mesi di punizione.»

È ormai chiaro: Mika ha dei dispiaceri che pesano sulle sue fragili spalle come la cartella piena di libri. E presto lui, il «fannullone» segnato a dito, abbandona i tentativi di rimediare alla situazione. Nessuno gli rivolge la parola, né allievi né insegnanti? Lui sta zitto. Per sfuggire meglio a una realtà troppo difficile, si crea un altro universo. Lì lo raggiunge il suo unico amico, un certo Dottor John, e allora si mettono a parlare sussurrando. Per Mika il Dottor John non ha niente di immaginario. A volte crede di poterlo toccare, tanto sono vicini. Seduti l'uno di fianco all'altro, i due amici viaggiano, scoprono animali straordinari ed extraterrestri che si spostano su razzi, e possono immaginare le più grosse stupidaggini senza che nessun adulto li rimproveri. Il Dottor John è un confidente prezioso, che Mika non dimenticherà mai e che evocherà in una delle sue canzoni più misteriose:

Oh Dr John
What am I doing
What am I doing wrong?
Cause I keep on trying
Something ain't going
Something ain't going on.

«Oh, Dottor John, che cosa faccio di male?» Il lamento è significativo. Ma se Mika, in seguito, racconterà al mondo intero dei suoi dubbi e interrogativi infantili, a quell'epoca si guarda bene dal farne partecipe la sua famiglia. Una famiglia che, d'altra parte, è ritornata a vivere in condizioni piuttosto agiate. Michael Penniman e sua moglie decidono quindi di lasciare finalmente il bed & breakfast e di cercare casa nell'esclusivo quartiere di Kensington, dove risiedono i grandi nomi della finanza londinese. In poco tempo riescono a scovare una graziosa abitazione a due passi dall'ambasciata francese.

Gioia. Entusiasmo. Ecco che cosa manifestano Yasmine, Paloma, Zuleika e Fortuné quando visitano la loro nuova casa. Le stanze sono grandi e luminose, il bagno spazioso, la cucina completamente attrezzata. Qui potranno correre e gridare quanto vogliono, senza il rischio di disturbare o, peggio, di svegliare l'uno o l'altro dei loro vicini.

«Allora, Mika, ti piace?» gli grida Paloma.

Mika fa segno di sì con la testa. Ma non si unisce al fratello e alle sorelle che stanno facendo il giro della casa. Resta lì, in piedi, con le braccia ciondolanti, a guardarsi intorno senza dire niente. Un'attitudine che gli è sempre più abituale; come se avesse perso ogni spensieratezza e si chiudesse ogni giorno un po' di più, fino a sprofondare nel mutismo assoluto. Jonni se ne rende conto. Sa che a scuola il figlio resta sempre più indietro. Non è mai stato un allievo brillante, ma la situazione sta diventando catastrofica.

A causare i problemi scolastici di Mika non sono soltanto le prese in giro e i maltrattamenti di cui è vittima. In effetti, lo si scoprirà solo più tardi, il bambino soffre di una grave forma di dislessia. A undici anni sa appena leggere e scrivere, tanto fa fatica a riconoscere le parole e a riprodurle. Sentendosi perso durante le lezioni e vergognandosi della difficoltà con cui fa i compiti, non dice niente ai genitori e non presta attenzione a quello che viene fatto in classe. Invece di venirgli in aiuto, i suoi professori si esasperano, non sapendo più che cosa fare di quell'allievo quasi muto. Quanto alla direzione della scuola, nel 1994 fa sapere a Jonni e Michael Penniman che forse il figlio soffre di una forma di autismo, prima di infliggergli una bocciatura pura e semplice.

Bocciato. Autistico. Molte mamme, trovandosi al posto di Jonni Penniman, si sarebbero sentite terribilmente angosciate e scoraggiate. L'autismo, si sa, è un disturbo grave. Mika ne soffre veramente? Jonni è certa di no. È chiaro che è un bambino particolare. È più sensibile, più riservato degli altri, soprattutto da quando sono arrivati a Londra. Ma la mamma, che lo conosce bene, è sicura che stia solo attraversando un brutto momento e che riuscirà a uscirne, se lei lo aiuterà. Da vera chioccia che ama i suoi pulcini, decide di prendere nelle sue mani il destino del figlio. Piuttosto che cercare una nuova scuola, si occuperà lei dell'istruzione di Mika fino alla fine dell'anno.

La lettura. L'aritmetica. La storia. La geografia. Le scienze naturali. Con pazienza, giorno dopo giorno, Jonni Penniman insegna a suo figlio tutte le materie. Per lui diventa maestra, e che maestra! Già all'alba comincia a preparare la loro giornata di studio, consultando i libri e preparando le lezioni. Poi la «scuola» comincia. Paziente ma severa, passa ore a spiegare, argomentare, confrontare. Mika non capisce? Lei riprende tutto da zero, senza alzare la voce neanche una volta. Ma non cede mai, non rinuncia mai. Se è necessario, sa anche fare uso della propria autorità. Di questo passo, il bambino supera la dislessia che lo ostacola e a poco a poco le cose si fanno più chiare. Certo, fa ancora fatica a leggere e a scrivere. Ma riesce a raggruppare le lettere, le parole prendono un senso, le frasi si legano le une alle altre. Troppo felice di avere sua madre tutta per sé, si rende conto a malapena di non uscire quasi più dalla bella casa di Kensington.

Gli otto mesi di vicinanza così stretta tra Mika e la madre creano tra di loro un legame estremamente forte, che rimane ancora oggi. Mika ne ha parlato in un'intervista al quotidiano britannico *The Observer*, il 14 giugno 2009. «Un giorno mia madre mi ha detto: 'Tu finirai in prigione o diventerai una star'. (...) Era estremamente dura con me. Credo che sapesse che mi sarei sentito sempre a disagio nella vita quotidiana, forse più delle mie sorelle. Ha capito che la mia eccentricità avrebbe potuto dare frutti. Ha sempre saputo che ero un bambino solitario. Molto silenzioso con gli altri, ma estremamente 'rumoroso' sul piano creativo. Lei non lo dirà mai ed è la prima volta che ne parlo anch'io, ma c'è un rapporto speciale tra mia madre e me. È perfino qualcosa di ingombrante.»

Questa relazione fortissima, quasi esclusiva, porterà Jonni Penniman a prendere una decisione che cambierà del tutto la vita di suo figlio e, incanalando la sua energia e la sua creatività, gli permetterà di realizzarsi.

Visto che Mika sembra amare la musica più di ogni altra cosa, visto che suona già bene il pianoforte, lo manderà a lezione di canto, e non da una maestra qualunque.

4

SALVATO DALLA MUSICA

«VENGO a prenderti tra un'ora. D'accordo?»

«D'accordo, mamma.»

Jonni Penniman lascia Mika davanti all'ingresso di un piccolo stabile alla periferia di Londra. È lì che abita la nuova maestra di canto del bambino: un soprano di origini russe, Alla Ablaberdyeva, nota nel mondo molto chiuso del canto lirico anche con il nome di Alla Ardakov. Quando va da lei, Mika oscilla tra gioia e paura. Gioia perché ama la musica più di qualsiasi altra cosa. Paura perché Alla, una bella donna bruna dal viso di bambola, gli sembra terrificante. Ha un neo enorme all'angolo della bocca. E, soprattutto, ogni volta che Mika fa un errore lei strilla con tutta la sua energia slava: «*Niet! Mika! Niet!*» Le grida stridenti paralizzano il bambino. E ogni volta lo rendono quasi muto.

Mika ha riferito tutto questo a sua madre, ma Jonni Penniman non ha voluto comunque cambiare insegnante. Alla sarà pure volubile e collerica, parlerà l'inglese con un accento che si taglia con il coltello, ma Jonni è sicura che saprà sfruttare al meglio le doti di suo figlio. Per quanto terrificante sia, conosce benissimo il suo mestiere. Formata al celebre Conservatorio di Mosca, ha vinto numerosi concorsi importanti prima di iniziare una stretta collaborazione come solista con la Filarmonica di Mosca, con la quale ha fatto tournée in tutto il mondo. Stabilitasi a Londra nel 1991, dà lezioni di canto tra un concerto e l'altro. Stravinskij, Haendel o Vivaldi non hanno segreti per lei.

Mika non ha scelta. Lezione dopo lezione deve affrontare, vada come vada, una maestra che gli allievi venuti prima di lui hanno soprannominato Drago, per le fiammate di collera che sembrano uscirle dalle narici alla minima nota stonata.

Rimane comunque il fatto che Mika è un allievo particolare. Ha sicuramente l'orecchio musicale. La sua voce acuta ha un'estensione impressionante. Rovescio della medaglia, la dislessia gli rende praticamente impossibile imparare il solfeggio. Dopo settimane di sforzi, gli riesce difficile dare un nome alle note (e ancora non ha affrontato la chiave di basso).

Ma ci vuole altro per scoraggiare Alla. Lezione dopo lezione, la maestra torna alla carica. Mika deve leggere e rileggere cento volte, mille volte, lo stesso gruppo di note. A volte piange per la fatica e lo scoraggiamento. La sua insegnante, sicura che possa farcela, non cede. Nonostante tutto, l'allievo fa progressi. Merito di una tecnica di memorizzazione? Oppure dello spirito di osservazione? Fa lo stesso. Il bambino decifra le note sempre meglio. Presto comincia perfino a fare gli esercizi con piacere.

«Mi, mi, mi, miii...»

Mika canta. Sempre più forte. Sempre più intonato. Soprattutto, canta sempre... tranne quando dorme. Al mattino, appena apre gli occhi, attacca coi vocalizzi. Durante la prima colazione si mette a cantare a mezza voce. Mentre il fratello e le sorelle sono a scuola, si esercita con gran piacere. Quando tornano, li accoglie con una o l'altra delle nuove arie che ha imparato. E quando protestano, quando gli chiedono di tacere – vivere come su un palcoscenico va bene, ma alla lunga diventa esasperante – lui ubbidisce, per rimettersi a cantare cinque minuti dopo.

«Mi, mi, mi, miii...»

Per completare il tutto, Mika si mette al pianoforte e comincia a fare delle scale. Yasmine, Paloma, Zuleika e Fortuné alzano gli occhi al cielo, ma Jonni scoppia d'orgoglio. Di vocalizzo in vocalizzo, vede bene come a poco a poco la musica stia aiutando Mika a uscire dal suo mutismo.

«Magnifico! Questo bambino è pieno di talento!»

Alla Ablaberdyeva ce l'ha fatta. Sicura dei doni del proprio allievo, l'ha spinto a fare un'audizione per un ruolo di voce bianca in un'opera di Richard Strauss, *La donna senz'ombra*. Lo stesso direttore della celebre Royal Opera House di Londra è conquistato dalla voce cristallina di Michael Penniman junior. Ed eccolo subito ingaggiato per una serie di rappresentazioni nel magnifico teatro lirico di Covent Garden.

Certo, nel suo ruolo Mika non avrà molto da cantare, ma tutta la famiglia scoppia di gioia nel venire a sapere che lui, il ragazzino che a scuola sembrava destinato all'insuccesso ed era stato erroneamente considerato autistico, farà i suoi primi passi su questo importante palcoscenico inglese. Jonni non sbagliava: suo figlio è tornato a vivere grazie alla musica. Certo, Mika impara com'è difficile partecipare a un'opera. Impostare la voce, fare i respiri corretti, recitare, muoversi secondo le indicazioni del regista è un mestiere vero e proprio. Un lavoro da artista. Ma lui lo adora. Perché il palcoscenico per lui è un mondo magico. Un universo parallelo, illusorio, pieno di incanto, nel quale può finalmente vivere realmente, pienamente.

Allora Mika, che non vorrebbe perdere quest'occasione per nulla al mondo, nota dopo nota e passaggio dopo passaggio si impregna della parte che deve cantare, ma anche della musica sconvolgente di Richard Strauss. *La donna senz'ombra* è basata sulla vicenda della figlia del Re degli Spiriti, infelicemente sposata con l'Imperatore dal quale non può avere figli. Il lavoro di Strauss, un inno alla fertilità al quale fanno da sfondo inganni e violenze, è anche un'opera tragica, nel cui universo onirico si mescolano i personaggi di un regno fantastico con quelli del mondo reale. Mika capisce veramente di che cosa si tratta? È ancora molto giovane per questo, ma non importa. Andando avanti con le prove, rivela di possedere un vero talento lirico. E sul viso tanto severo della sua maestra di canto il bambino vede spesso spuntare un sorriso orgoglioso.

Mika studia sempre con Alla. Si esercita anche nelle sale del teatro. E ogni volta che supera il maestoso portone a vetri di questo antico edificio ricostruito nel 1858, senza dubbio sente nel profondo di se stesso un misto di gioia e di meraviglia. La sala, prima di tutto:

grandissima, con i suoi quattro ordini di palchi e di gallerie, può accogliere più di duemila persone. Poi il palcoscenico dalle proporzioni sorprendenti, con un proscenio che misura più di dodici metri di larghezza su un'altezza di quindici circa. Ma non è soltanto il luogo a rallegrare Mika, quanto il far parte di un'équipe che lo accoglie a braccia aperte. Perché, con suo grande sollievo, qui nessuno lo prende in giro, al contrario la sua stravaganza è considerata una manifestazione di talento. Mika, all'inizio intimidito, si decide un giorno a domandare un autografo allo scenografo dello spettacolo, il celebre pittore inglese David Hockney. Lo conserva con cura ancora oggi.

Settembre. Dopo un anno scolastico diverso dagli altri e un'estate molto lirica, è tempo ormai che Mika torni a scuola. Non volendo mettere in difficoltà il figlio e farlo ricadere nel mutismo, Jonni Penniman lo iscrive a una piccola scuola privata londinese, la St Philip's School. Un istituto a misura d'uomo, il cui numero di allievi non supera il centinaio e dove, spera lei, Mika si troverà in un ambiente scolastico normale.

«*Sit down, please!*»

A partire dall'invito a sedersi appena entrati in classe, non è più questione di parlare francese. Le lezioni si tengono nella lingua di Shakespeare. St Philip's, come gli allievi la chiamano, è una scuola cattolica maschile, dove gli insegnanti si prendono il tempo di conoscere il percorso di ciascun allievo. È anche una scuola all'antica, i cui responsabili curano l'educazione morale e religiosa degli iscritti, pur sviluppando le loro doti sportive e creative. In altri termini, un bozzolo confortevole ma stretto, dove Mika ritrova la divisa blu scuro che portava in Francia.

Per andare verso l'armonioso edificio di Wetherby Place, il bambino passa di nuovo per il quartiere chic di South Kensington. Appena arrivato si dirige alla cappella dove ogni mattino si inizia la giornata con una preghiera. L'ambiente, sobrio e fresco, è insieme bello e austero. Ma come potrebbe Mika non restare impressionato dalle voci cristalline dei suoi compagni riuniti nel coro, che si innalzano fino alla volta della cappella? Si unisce senz'altro a loro e intona l'inno della scuola con gioia e con convinzione. Tuttavia, rimane riservato e anche diffidente. La sua esperienza estiva alla Royal Opera House l'ha definitivamente tolto dall'insicurezza nella quale era caduto dopo il triste periodo alla scuola francese di Londra. Ma non fa davvero amicizia con nessuno dei ragazzini che lo circondano. Sempre un po' in disparte, li osserva e parla con loro solo quando qualcuno gli rivolge la parola. Perché ha paura di essere ancora una volta deriso e respinto? Oppure perché il silenzio è diventato per lui una seconda natura? Comunque sia, le cose non vanno poi così male. Ma ecco che, nel momento in cui comincia ad abituarsi alla sua nuova vita, viene a sapere che la madre ha la ferma intenzione di fargli ancora cambiare scuola. St Philip's non è abbastanza «esclusiva» per Jonni. Lo spiega al figlio, dicendogli che intende iscriverlo all'illustre Westminster School of London. Come vive Mika questa decisione? È rassegnato, ribelle o, pragmaticamente, considera anche questo un incidente di percorso, sapendo che l'ambiente famigliare lo protegge dai traumi affettivi legati a tutti questi cambiamenti di scuole e di Paesi? In ogni caso, non ha scelta. Quando Jonni decide, bisogna ubbidirle. Allora Mika fa del suo meglio per superare, in pieno inverno, un esame sul suo livello di cultura generale e sul suo livello di conoscenza dell'inglese. Contro ogni aspettativa, lo passa con successo.

Gennaio 1995. Jonni può essere contenta. Michael Penniman junior entra nella sua nuova scuola. Non avrà nessun problema di look perché anche lì la divisa è obbligatoria per tutti. Quanto ai suoi compagni, provengono tutti dall'alta società inglese. La Westminster School, che esiste fin dal Cinquecento, è uno degli istituti modello della capitale britannica. Tra i suoi allievi ci sono stati il filosofo John Locke, il compositore Henry Purcell e, più recentemente, la famosa cantante Dido. Ma quello che importa veramente a Mika è che la cappella dell'istituto è la sontuosa abbazia di Westminster, dove lui assiste al servizio anglicano due volte la settimana.

Restano gli studi propriamente detti, certo. Anche se ha cantato in un'opera, non per questo Mika ha smesso di soffrire di dislessia. Inverte le lettere e fa ancora fatica a distinguere, per esempio, la «b» dalla «p». Normalmente queste esitazioni spariscono nei bambini in parallelo con i loro progressi nella lettura, ma nel caso di Mika il disturbo è tenace. A dodici anni, non è raro che faccia ancora confusione tra le lettere e i suoni. La dislessia sarà una conseguenza dei traumi e degli sconvolgimenti che hanno costellato la sua giovane vita? È questo, in ogni caso, ciò che pensa uno dei suoi insegnanti, che si interessa a lui in modo speciale: si sforza così di aiutarlo con un metodo di lettura che associa le immagini alle parole.

Come ha fatto qualche mese prima con il canto, Mika si applica agli esercizi che gli dà l'insegnante. Con pazienza, impara a «fotografare» nella memoria delle parole che si assomigliano come gocce d'acqua. Un apprendistato faticoso, ma che dà presto i suoi frutti. In breve il ragazzino passa dall'etichetta di incapace a quella di allievo nella media. Non è abbastanza, però, perché le pagelle sono sempre poco brillanti. Riportano dei progressi, ma segnalano anche che Mika continua a essere «agitato e turbolento».

Non c'è niente da fare: Mika non è di quelli che si piegano alle costrizioni. Certo, ha rinunciato a trascinare abeti per decorare una scuola troppo austera. Ma rifiuta, sempre, di rientrare nei ranghi. A scuola ci deve andare, dato che è obbligatorio. Ha intenzione di sforzarsi per imparare a leggere correttamente. Accetta anche di studiare matematica o storia. Ma niente di tutto questo è davvero importante per lui. Quello che ama, quello che vuole, quello che desidera più di ogni altra cosa al mondo è cantare.

Una campanella. È l'ora della ricreazione per gli allievi della Westminster School. Nella classe di Mika, come nelle altre, ci si alza per andare in cortile. Poi cominciano le chiacchiere e i giochi. Per una mezz'oretta ragazzini e ragazzine corrono, gridano, litigano, mentre i più grandi iniziano dei delicati flirt. Ma se i bidelli che stanno in cortile cercheranno la testa bruna di Michael Penniman junior, non la troveranno. Perché, com'è ormai abituato a fare, Mika si allontana con discrezione e va a chiudersi in una piccola aula che a quest'ora è deserta. Lì, al riparo dal rumore, compone, convinto di avere sulla punta della matita le parole di una canzone che farà di lui la star che spera di diventare.

Una star. Sì. È questo che vuole essere il ragazzino timido, chiuso, che certi a torto definiscono asociale. Un giorno salirà sul palcoscenico davanti a un pubblico scatenato! Saranno per lui gli applausi, le fiammelle degli accendini, le platee adoranti e, chiaramente, il primo posto in tutte le classifiche. Sarà sua, soprattutto, questa musica che ormai lo ossessiona, come se gli scorresse nelle vene. Qualsiasi cosa lui faccia, dovunque sia, è presente in lui, melodiosa e assordante. Una pioggia di note mischiate tra loro, intrecciate, che lui ordina sulla carta in silenzio e nel più gran segreto.

«*What are you doing here?*» Che cosa ci fai qui?

Mika alza la matita dal foglio. Un bidello ha aperto la porta dell'aula. Dallo sguardo che gli rivolge, capisce che sta per prendersi un'ora di punizione. «Ancora!» dirà sua madre alla stasera. Ancora, sì. Ma non importa! Ha avuto il tempo di finire la sua canzone...

Tra due punizioni, Mika, sempre solitario e un po'

emarginato, si fa comunque qualche amico. Approfitta anche dei vantaggi offerti dalla sua illustre scuola: una biblioteca immensa, dotata di volumi rarissimi. E, soprattutto, una sala per gli spettacoli dal fiabesco arredo vittoriano, dove si svolgono i corsi di teatro, quelli di musica e, chiaramente, le recite di fine anno.

Mika ha appena compiuto dodici anni quando partecipa al primo di quegli spettacoli: una ripresa di *Cabaret*, il celeberrimo lavoro di Joe Masteroff. Una commedia musicale che è stata rappresentata per la prima volta a Broadway nel 1966 e adattata per il cinema nel 1972, con Liza Minnelli protagonista. Si tratta di uno show tipicamente americano, nel quale i piccoli allievi inglesi possono, a piacimento, mostrare le loro doti di cantanti o di ballerini. È a Mika che il regista assegna il ruolo maschile più importante: quello del maestro di cerimonie, sostenuto nel film di trent'anni prima dal grande Joel Grey. Dopo la toga che ha indossato sul palcoscenico della Royal Opera House, ora Mika porterà uno smoking, un cilindro e sarà senz'altro pieno d'orgoglio...

Un raggio di sole penetra nella camera. Mika apre gli occhi. Poi si alza di scatto. Oggi è il giorno X. Il giorno dello spettacolo. Diversamente dal solito, si precipita a scuola e arriva ai camerini improvvisati dove alcuni dei suoi compagni si stanno già preparando. Le ragazze hanno parrucche corte come i loro vestitini e portano con eleganza delle lunghe collane che hanno senza dubbio ritrovato in fondo a qualche cassetto di casa. Per una volta si possono truccare. Con le labbra dipinte di rosso sangue, giocano in modo aggraziato con i lunghi bocchini richiesti dalla loro parte. Mika, da parte sua, si mette un fondotinta spesso e si annerisce il contorno degli occhi e le sopracciglia. Si è appena infilato il costume, quando la musica comincia a risuonare nel locale. Bisogna andare. Mentre gli studenti degli ultimi anni ricevono il loro diploma nel parco, i più giovani salgono sul palcoscenico dell'illustre scuola. Davanti agli artisti in erba, i genitori sono al contempo fieri e preoccupati all'idea che possano rendersi ridicoli con un vuoto di memoria. Qui, i loro figli devono essere perfetti in ogni cosa durante tutto l'anno scolastico! Forse soltanto Jonni e Michael Penniman sono fiduciosi e comprendono pienamente la gioia che Mika deve provare in quest'occasione.

Le ultime note risuonano. Applausi entusiastici salgono dagli spettatori. Il musical è stato un vero successo. E procurerà a Mika la sua prima critica positiva, nel giornale della scuola, dove la sua interpretazione è giudicata così: «Ruolo cantato e recitato in modo brillante, con una giocosità e un brio che sono sembrati nello stesso tempo coinvolgere e incantare il pubblico». Non è difficile immaginare come Mika esulti leggendo questo articolo. Il suo talento è riconosciuto da tutti, genitori, insegnanti, direttore e compagni. Questa volta ha trovato davvero il suo posto nella scuola che frequenta, anche se molti degli allievi che frequentano Westminster sono più ricchi di lui...

Ma arriva la batosta. A causa dei nuovi problemi finanziari dei Penniman, Mika deve lasciare Westminster. Jonni non ha più i mezzi per pagare l'iscrizione semestrale.

5

TUTTO PER LA MUSICA!

NIENTE scuola, non ci sono i soldi: Mika si sente probabilmente in una situazione mortificante. Ma lui è sicuro che si tratti solo di un momento di passaggio. Nonostante le difficoltà, i suoi genitori sono sempre riusciti a raddrizzare il timone della loro esistenza. Ben presto la situazione difficile che stanno attraversando finirà. E tutto tornerà come prima.

Nell'attesa, il giovane Penniman approfitta delle sue «vacanze» forzate per tentare di farsi conoscere dai professionisti della musica. È stato formato alla scuola classica dalla sua terribile maestra russa, ma il suo ideale non è diventare un grande cantante lirico, bensì una star della musica pop. Accompagnandosi al pianoforte di famiglia, si mette allora a cantare le proprie composizioni. Ma non ce n'è nessuna che meriti salvezza ai suoi occhi: lo spiegherà nel settembre 2009 in una puntata di *Taratata*, la popolarissima trasmissione televisiva francese dedicata alla musica rock e condotta da Nagui. Mika è già un vero perfezionista. Rifà cento, mille volte i suoi arrangiamenti musicali e, se non gli vanno bene, li butta via e ricomincia da capo. Il suo scopo? Creare un demo con una trentina di pezzi, il che di per sé è già una bella sfida, e mandarlo alle case discografiche londinesi. Non c'è dubbio che almeno una di loro risponderà, segnando così l'inizio del successo di Mika. Perlomeno, questo è ciò che lui crede.

«Tieni, Mika, è per te.»

«Dammi!»

Ogni volta è la stessa storia. Quando suo figlio riceve una lettera, Jonni Penniman, intenerita, lo guarda precipitarsi nella sua camera per aprire in fretta la busta, come tutti coloro che aspettano una notizia in grado di cambiare l'esistenza. Ma la mamma teme che ancora una volta Mika sarà deluso. Di fatto, suo figlio torna verso di lei con l'aria contrariata porgendole la lettera appena ricevuta: «Caro signore, abbiamo ascoltato attentamente il nastro che ci ha gentilmente mandato e la ringraziamo del suo interesse nei confronti della nostra etichetta. Purtroppo non siamo in grado per il momento di accettare le sue composizioni...»

Oggi Mika ne è persuaso: se le case discografiche gli hanno mandato quelle risposte, è stato solo per pietà e per riguardo nei confronti della sua giovanissima età. Ma ricorda anche che nessun rifiuto l'ha mai scoraggiato. Tenace e spavaldo, lui continua a provarci, ancora e ancora. Le risposte che riceve sono negative? Le telefonate sono inutili? Non importa. Un giorno la ruota girerà. Quel giorno, il successo busserà finalmente alla sua porta.

«Buonasera, hai l'invito?»

«No... I miei genitori sono dentro con i biglietti. Io sono uscito un momento per andare a cercare una cosa in macchina. Posso rientrare?»

1996. Grazie alla sua faccia tosta, Mika si infila in una serata organizzata da un'etichetta discografica in onore della cantante americana Diana Ross. Con il suo aspetto innocente di tredicenne, non fa nessuna fatica a ingannare l'addetto al ricevimento, che lo lascia passare. Poi, mentre tutti gli invitati sono al bar a bere champagne, si siede al pianoforte e si mette a cantare. Nella sua voce si sente la febbre della ribalta? È un momento fortunato? Forse Diana Ross ha modo di ascoltare le sue canzoni? In ogni caso, il capo della casa discografica gli propone di incontrarlo nel suo ufficio il giorno successivo. Mika ha vinto.

Un pesante portone d'ingresso. Una moquette spessa. Dischi d'oro e di platino appesi a decorare le pareti della hall. Una segretaria sorridente, e anche un tantino condiscendente che gli chiede di attendere. Mika è appena arrivato all'appuntamento. Poiché è minorenne, la madre lo accompagna. Un grosso handicap, questo, per chi ha la sicurezza di essere un artista di talento. Ma, anche se non si può presentare da solo, non importa. Mika ha la sua opportunità. Con la cassetta demo delle sue canzoni in una mano, l'altra mano in tasca, entra spavaldo nell'ufficio del produttore. Con un leggero sorriso sulle labbra, il capo della casa discografica lo ascolta mentre parla delle sue composizioni e del suo desiderio di cantare. Poi gli promette di ascoltare il demo e di richiamarlo molto presto.

Il tempo passa. Una settimana. Poi due. Poi tre. Ogni volta che il telefono suona, Mika si precipita. Purtroppo, la chiamata non è mai per lui. Alla fine deve arrendersi all'evidenza. Il tentativo è fallito. Almeno per questa volta. E, come se non bastasse, la situazione economica della famiglia Penniman continua a peggiorare. A tredici anni Mika cerca il modo di guadagnare qualche soldo, per rendere più facile la sua vita quotidiana e, magari, anche quella dei suoi.

Molti anni dopo, il 10 giugno 2007, intervistato durante la trasmissione australiana *Sunday Morning* su Channel Ten, racconterà con una certa fierezza del primo lavoro che si è trovato. Per cominciare, seduto in quello che sembra un armadio, con una specie di lunga collana attorno al collo, una maglietta a righe e occhiali sfumati di giallo, canticchia una melodia bizzarra, dalle parole non meno strane: «*Orbit chewing gum and it's good for your teeth too!*» Chewing-gum Orbit, fa anche bene ai denti.

Il conduttore della trasmissione seduto di fianco a lui scoppia a ridere. Mika allora spiega che quello era un jingle per la pubblicità del marchio inglese di chewing-gum Orbit. «Ho dovuto ripetere quattrocento volte questa frase, con intonazioni sempre diverse, durante la registrazione!»

In effetti, grazie alla sua voce così particolare, gli viene chiesto di cantare per diverse pubblicità e anche per un jingle, diventato famoso, della compagnia aerea British Airways.

«Ricevevo appena quarantacinque sterline per ogni ingaggio», dirà con un gran sorriso sulle labbra: niente sembra infatti poterlo mettere più di cattivo umore, almeno in apparenza.

Questa esperienza, anche se non è arricchente dal punto di vista finanziario, lo è da quello professionale. È la prima volta che Mika si ritrova in uno studio professionale. Tutto un altro universo rispetto a quello della Royal Opera House di Londra: un universo nel quale è un principiante assoluto. E il regista del suono non gli risparmia niente. Gli chiede cento volte di ricominciare. Più veloce. Più lento. Più forte. Più piano. Con allegria. In tono pacato... Mika fa docilmente quello che gli viene chiesto. Ubbidiente, impara.

Nel frattempo, ha ancora a che fare con un altro tipo di apprendimento, quello scolastico. Da quando i suoi genitori si sono rimessi in sesto (la ruota, per i Penniman, è sempre in movimento), è tornato alla Westminster School. Ne è piuttosto contento, a dire il vero. Il suo talento è assecondato dal programma artistico che è tra gli insegnamenti scolastici. Alle lezioni di canto si unisce lo studio regolare del pianoforte e, con questo, i nuovi tentativi di lettura degli spartiti.

Alla Ablaberdyeva ha già cercato di aiutare Mika a imparare il solfeggio. Nonostante gli sforzi suoi e dell'allievo, non ci è riuscita. Quando si è dislessici, è incredibile come le note si assomiglino. Chiave di violino, chiave di basso, nere, bianche, crome e semicrome: Mika ha spesso l'impressione che si alleino contro di lui. Ma insiste, desideroso di trasmettere alle dita il motivo musicale che sente nella testa. E migliora. Legge le note meglio e più velocemente, le sue composizioni sono insieme più strutturate e più limpide. Di conseguenza, il ragazzo prende sicurezza. A quindici anni, sembra che possa finalmente lasciare dietro di sé gli anni cupi durante i quali, quasi ridotto al silenzio, odiava ogni tipo di apprendimento con tutta la forza di un bambino emarginato.

1998. *The Pilgrim's Progress*, opera del compositore inglese Ralph Vaughan Williams, sta per essere rappresentata alla Royal Opera House. A Mika è stato affidato un piccolo ruolo. È una gioia per lui ritrovarsi a ogni prova sul palcoscenico del Covent Garden. Il ragazzo è cresciuto, da quando ci è salito l'ultima volta. Lo guarda con occhi nuovi, ma non prova il grande panico della prima volta. Anzi, si sente come a casa sua. Sente di essere al proprio posto, in qualche modo.

I momenti che preferisce? Probabilmente le rare occasioni in cui, tra due prove, solo in scena, avanza verso la platea buia. Allora chiude gli occhi. E immagina là, davanti a sé, duemila persone in attesa che cominci a cantare. Riesce quasi a sentire il misto di profumi e di odore di tabacco che si alza dal pubblico, a sentire i mormorii eccitati delle donne, i colpi di tosse profondi degli uomini, le risate soffocate dei più giovani. Tra meno di un minuto i riflettori si illumineranno, saranno puntati su di lui. Allora, immerso nella luce, trasfigurato, intonerà la prima canzone...

Ritorno alla realtà. Mika riapre gli occhi. La sala è buia e deserta. Ma lui non prova nessuna tristezza. Al contrario. Un'ondata di energia gli sale dentro. Un giorno, ne è sicuro, realizzerà il suo sogno. Basta che sviluppi la voce eccezionale che la natura gli ha regalato. A questo scopo dovrà lavorare ancora di più. E allora, a casa, si esercita. Con la sua maestra russa persevera nello studio. Tra una lezione e l'altra si mette a cantare un motivo. E intanto ripete a se stesso: un giorno sarò una star.

Un trionfo! Già dalla prima rappresentazione, quell'edizione del *Pilgrim's Progress* è incensata dalla critica e accolta trionfalmente dal pubblico. Viene poi il momento della registrazione dello spettacolo, che sarà in seguito messa in vendita su CD. Nel giorno previsto Mika, sul palcoscenico della Royal Opera House, è divertito dall'eccitazione che vede brillare negli occhi dei compagni. In quel periodo sta lavorando ancora per la pubblicità. Sa molto bene, quindi, come si svolgono le cose sul piano tecnico. Per cominciare, vengono disposti alcuni microfoni nelle posizioni più adeguate. Al centro della platea vengono installati un tavolo di missaggio e un sistema completo di registrazione. Agli artisti viene chiesta soprattutto una cosa: di non cambiare niente nel loro modo abituale di cantare e di recitare. Si può ben credere che quel giorno i cuori di tutti battano più forte del solito, quando risuonano le prime note della partitura.

È lì. Davanti a lui. Il CD. Il suo primo CD! Mika tiene tra le mani la sua prima registrazione messa in commercio. È facile immaginare la gioia che prova e l'orgoglio della famiglia, anche se nel 1998 ancora nessuno sa che da grande Mika non sarà un cantante lirico, come sembra avviato a diventare, ma una star del pop come ha sempre sognato.

L'anno dopo, quasi sedicenne, Mika fa una vacanza eccezionale. Jonni Penniman ha deciso infatti di portare i figli in Cina. È per celebrare a suo modo, forse, il decimo anniversario della brutale repressione delle proteste di piazza Tienanmen da parte di Deng

Xiaoping? Il fatto aveva profondamente toccato Jonni, l'esiliata libanese. Mika, da parte sua, si pone altre domande. A lui importa sapere che tempo fa a Pechino in pieno agosto.

«Caldo e umido. Porta il tuo K-way, delle magliette e dei pantaloni di cotone», gli dice sua madre. Sistemato l'abbigliamento, Mika prepara i CD che prevede di ascoltare sull'aereo: ci sono dieci ore di volo tra Londra e Pechino. Quell'estate, sulle radio spopola Beck. Il cantante dai pantaloni attillati ha un enorme successo con tre canzoni, *Midnite Vultures*, *Mixed Bizness* e *Sexx Laws*. Musiche trascinanti, una voce piuttosto acuta: è uno stile che a Mika deve piacere molto...

Heathrow. Una folla di viaggiatori si affretta nell'aeroporto dove arriva Jonni Penniman con i suoi cinque figli. Ciascuno è responsabile del proprio bagaglio. Tutti cercano con lo sguardo il cancello d'imbarco. È all'aeroporto che cominciano veramente le vacanze. L'immensità dei terminal, i duty free, i monitor con i nomi delle più lontane destinazioni sono già sufficienti a far viaggiare i pensieri. Anche un adolescente che strascica i piedi dietro la famiglia spalanca gli occhi, sicuro di stare per cominciare un'avventura straordinaria. Ed è proprio quello che attende i giovani Penniman. La Cina, per un occidentale, è un luogo davvero esotico. La lingua, prima di ogni altra cosa, è del tutto incomprensibile. Il cibo non è senz'altro quello che i Penniman mangiano tutti i giorni a Londra. E soprattutto c'è quella folla, brulicante e ordinata insieme, che cammina per le vie di una capitale che fino a poco più di vent'anni prima era ancora soggetta a Mao. Poi c'è la Città Proibita che riporta a un passato medievale, ci sono i giardini così ben curati, ci sono le persone che già all'alba praticano all'aperto il *qi gong*, una serie di esercizi destinati a rendere più agile il corpo e più sereno lo spirito; infine, ci sono le voci acutissime delle cantanti cinesi, che intonano melodie dalla linea sorprendente... Mika è incantato. Vuole superare la barriera della lingua, vuole andare verso queste persone così diverse da lui. E dunque si mette a studiare il cinese con l'entusiasmo e la tenacia che lo caratterizzano. Di ritorno a Londra, sentirà per molto tempo la nostalgia di questo Paese così ricco e potente.

Ma è tempo per lui di riprendere il filo della sua vita inglese, di ritrovare i banchi della Westminster School e le lezioni di canto. Più gli anni passano, più la sua voce matura. A forza di esercizi e di vocalizzi, può accostarsi alle arie scritte per i castrati italiani del Settecento. Leggenda vuole che la voce di Mika si estenda su cinque ottave, cosa che lo diverte: «Ma no!» dice al conduttore Nagui, ancora nella trasmissione televisiva *Taratata*. «Non riuscirei a cantare su cinque ottave! Ci riesco su tre ed è già una bella cosa...»

Tre ottave. Nel mondo dell'opera lirica, un'estensione simile potrebbe prospettare a Mika un futuro da sopranista. Ma, all'alba del ventunesimo secolo, il ragazzo nutre ambizioni più moderne.

A diciott'anni sogna sempre la gloria nel mondo della canzone. Non perde una sola puntata di una nuova trasmissione televisiva, diffusa in Gran Bretagna dal 5 ottobre 2001 e intitolata *Pop Idol*: un talent show come *X Factor*, *The Voice* o come il francese *Nouvelle Star*. Il principio è semplice: una giuria composta da artisti famosi percorre tutto il Regno Unito alla ricerca della futura star della musica inglese. In ogni città, migliaia di persone si presentano una dopo l'altra a questo super casting. Dopo una prima selezione, chi si è dimostrato più bravo o più buffo viene scelto per partecipare alla competizione finale, che si terrà in un vero studio televisivo.

Ma il cammino dei concorrenti verso la gloria è disseminato di insidie fin dall'inizio... La giuria, composta da Simon Cowell, Pete Waterman, Nicki Chapman e Neil Fox, li attende al varco. Cantare, senza alcun accompagnamento musicale, davanti a professionisti dello show business è un esercizio pericoloso. La maggior parte dei concorrenti è eliminata quasi subito. Soltanto pochi ottengono il lasciapassare che permetterà loro di continuare l'avventura a Londra. Ad attirare l'attenzione di Mika è soprattutto la presenza in giuria del celebre produttore discografico e televisivo Simon Cowell. Quest'uomo affascinante, che fa pensare a un'immagine di una rivista di moda americana, dal pubblico è soprannominato Mr. Nasty, il cattivo, o Judge Dread, il giudice che fa paura. Tanto per dire come si dimostra amabile... Per Mika, essere apprezzato da lui sarebbe la garanzia di poter iniziare una bella carriera. Allora, senza dir niente a nessuno, prepara un demo delle sue canzoni migliori e lo mette in una busta.

Avrà baciato il pacchetto per portargli fortuna, nel momento di farlo cadere nella buca delle lettere? Quanti giorni gli tocca aspettare una sospirata risposta dall'uomo che per tutti i giovani inglesi è il produttore musicale per eccellenza? Quando arriva, Mika non la legge subito. Ha una gran paura di essere deluso un'altra volta. Alla fine, salutando in fretta sua madre che sta in cucina, va nella sua stanza, butta sulla scrivania la borsa con i libri di scuola e si siede a gambe incrociate sul letto. Poi, con il cuore che galoppa, apre la busta.

«Caro signore», gli scrive in sostanza il produttore, «le sue canzoni non mi piacciono, ma la sua voce sì. Conto di chiamarla presto per un appuntamento.»

Il 27 maggio 2007, sei anni dopo aver ricevuto la lettera di Simon Cowell, Mika confida al settimanale statunitense *Time Magazine* che aspetta ancora quella chiamata. E aggiunge: «Quando ho constatato che non manteneva la promessa, gli ho telefonato tutti i giorni per quattro mesi. Ma lui non prendeva mai la chiamata. Io mi aggrappavo a tutto quello che potevo!»

Un'ostinazione meritoria, ma che non nasce soltanto dall'ambizione del giovane interprete. È lo stesso Mika a confessarlo: una volta che si è messo in testa un'idea, non rinuncia mai a tentare di realizzarla, costi quello che costi. Questa attitudine è caratteristica delle persone affette come lui dalla sindrome ossessivo-compulsiva: un disturbo caratterizzato da ansia che può manifestarsi attraverso fobie come quella della sporcizia o del disordine, o indurre a comportamenti di tipo maniacale. Una persona affetta da questa sindrome può, per esempio, evitare di camminare sulle piastrelle nere di un pavimento a scacchi o lavarsi le mani tre volte prima di andare a tavola. Quanto a

Mika, pare che abbia una fissazione particolare riguardo al tè. A quanto pare, il livello dell'acqua nella sua tazza dev'essere a un'altezza molto precisa, perché lui si decida a partecipare a questo rito così inglese. Il perfezionismo lo perseguita anche nell'abbigliamento. Come ha ammesso lui stesso, ogni volta che entra in un negozio di vestiti e trova un capo che gli piace, regolarmente lo compera in tre esemplari.

Pur soffrendo di un leggerissimo disturbo ossessivo-compulsivo, nondimeno Mika ha un carattere di ferro. E la sua forza di volontà è paragonabile soltanto alla sua caparbietà quando si tratta di averla vinta...

6
«GRACE KELLY»

FINALMENTE! Tra gli spettacoli di fine anno e le audizioni per l'opera, tra le pagelle nella media e quelle che testimoniano risultati soddisfacenti, Mika bene o male finisce il suo percorso scolastico. Dire che è felice di non dover più andare a scuola è minimizzare il suo stato d'animo. Ora, di fatto, ha l'impressione che la vita, la vera vita, si apra davanti a lui.

Ma chi è davvero Mika, nel momento in cui varca per l'ultima volta le porte della Westminster School? Secondo chi l'ha conosciuto a quell'epoca, la sua personalità sempre più spiccata lo piazza nella categoria dei simpatici eccentrici. Da quando non porta più l'uniforme della scuola, sono tornati in primo piano i pantaloni attillati pieni di colore, le T-shirt con frasi e slogan e i copricapi di ogni tipo. Non è punk né gothic, è se stesso, con uno stile già personale. Sempre sorridente e beneducato, Mika d'altra parte è un solitario convinto di voler vivere nel suo mondo. Certo, ha degli amici, pochi ma veri, con i quali scopre i pub e i locali notturni. Lui stesso confessa di essere stato un campione nell'ingurgitare pinte di birra. Alcuni si ricordano delle sue sbornie memorabili, ma nessuno sa di qualche suo legame amoroso. Qualcuna delle giovani londinesi che frequenta gli avrà fatto delle *avances*? Lui avrà accettato? O preferisce i ragazzi, che sono a volte più teneri e meno smaniosi di formare una coppia? Mika non lascia trapelare niente. Senza dubbio per paura che la verità ferisca la persona che lui ama e rispetta di più: la sua mamma.

È il 2002 ed è senza dubbio per non addolorare Jonni che, almeno momentaneamente, il ragazzo accetta a malincuore di rinunciare al suo sogno più caro: diventare una star. Una decisione che dev'essere stata senz'altro terribile da prendere. Quante notti bianche avrà passato, rigirandosi nella testa tutti gli elementi del problema? La sua famiglia ha di nuovo delle difficoltà finanziarie. Mika ha concluso il suo percorso scolastico alle superiori e deve scegliere un'attività che possa aiutare i suoi. Da questo punto di vista, l'idea di cantare è tanto utopistica quanto aleatoria. E i magri cachet che può ottenere facendo pubblicità non cambieranno certo qualcosa. Ma mettendo da parte la carriera d'artista, che cosa potrà fare per guadagnare? La sua unica certezza, a questo proposito, è che vuole del denaro, e il più in fretta possibile. Altrimenti, che senso avrebbe abbandonare i suoi sogni? Mika riflette. Pesa i pro e i contro. Lui che si vedeva già al top, solo in scena davanti a migliaia di fan, decide di voltare le spalle alla musica. Con la morte nel cuore, non c'è dubbio, decide di iscriversi alla London School of Economics per un corso di studi in geopolitica. Ha appena compiuto diciannove anni.

Il 12 febbraio 2009, il settimanale francese *Le Point* ha pubblicato un articolo sulla London School of Economics definendola, con riferimento al popolare talent-show, la «*Star Academy* del potere». A partire dalla sua creazione nel 1895 la LSE, come la chiamano gli inglesi con familiarità, ha di fatto formato buona parte dell'élite mondiale. Hanno studiato lì la regina Margherita II di Danimarca, l'ex presidente del consiglio italiano Romano Prodi, Cherie Blair, moglie dell'ex primo ministro britannico, e trentasei altri capi di Stato, tra cui il presidente americano John F. Kennedy. Ne sono usciti quattordici premi Nobel, oltre che parecchi magnati di tutte le nazionalità. Il guru dei mercati finanziari George Soros, il frontman dei Rolling

Stones Mick Jagger, e il fondatore di easyJet Stelios Haji-Ioannou, hanno studiato in questa prestigiosa scuola britannica. Qui c'è una sola parola d'ordine: eccellenza! Insomma, decidendo di iscriversi in questo santuario della finanza e della politica, Mika si è posto un obiettivo di altissimo livello. La scuola è in Windsor Avenue, a due passi dalla City, che rappresenta per Londra quello che Wall Street è per New York. Mika ritrova la strada abituale per Westminster. Il primo giorno lo colpisce senza dubbio la gigantesca biblioteca elicoidale della LSE, servita da un ascensore centrale, ma la scuola si dimostra subito molto meno attraente per lui: Mika non può chiedersi cosa lui ci faccia lì.

Quando è uscito di casa ha ovviamente promesso a Jonni, il cui sguardo brillava di orgoglio, che avrebbe resistito. Ma, appena arrivato sul posto, comincia già a vacillare. Intorno a lui, ottomila squali si scrutano per sapere chi di loro sarà prescelto per uno dei prossimi premi Nobel o diventerà il primo ministro britannico. Per la maggior parte provengono da famiglie importanti, spesso facoltose. Michael Penniman junior non ha niente a che vedere con loro. Lui non ambirà mai a un mandato presidenziale, non diventerà un grande scienziato e nemmeno un asso della finanza internazionale. Ma cosa ci fa lì uno come lui? Anche

Mick Jagger ci è stato, ma, nel momento in cui si appresta ad assistere alla prima lezione di geopolitica, Mika vorrebbe chiedergli se frequentare quella illustre scuola gli è davvero servito per creare i Rolling Stones. Scacciando come può i pensieri neri, Mika segue la lezione, ma alla fine l'evidenza gli salta agli occhi. Non c'è niente che gli interessi in quello che ha ascoltato. E lui non ha intenzione di farsi annoiare per tutta la vita, neanche per guadagnare molto denaro. Neanche per far piacere a sua madre. Allora decide di smettere.

Resta il problema di come spiegare questa scelta a Jonni. Il meno che si possa dire è che è delusa. Aveva riposto tante speranze in questa nuova strada presa dal figlio. Credeva che fosse cambiato, che avesse messo giudizio, che fosse rientrato nei ranghi. Sperava che la musica sarebbe rimasta per lui un bel passatempo, ma che Mika avrebbe fatto carriera in un ambito meno originale e più redditizio. Senz'altro nutriva la speranza che il figlio seguisse le tracce del padre. Ma Jonni conosce Mika e sa che la sua volontà è inflessibile quando ha preso una decisione. Si arrabbia. Ma, dentro di sé, sa che non servirà a niente. Quanto a Mika, che conosce perfettamente le collere della madre, lascia passare la bufera senza proferire parola. Ormai ha deciso ed entrambi sanno che è inutile ripensarci.

D'altronde, Mika ha un piano B. Due settimane dopo, si presenta a un'audizione per entrare in una scuola altrettanto illustre e molto più adatta a lui: il Royal College of Music di Londra. A causa della dislessia non sa ancora leggere bene uno spartito, ma ancora una volta il suo talento vocale impressiona chi lo sente cantare. Poco tempo dopo, riceve una lettera che ravviverà un po' l'orgoglio della madre nei suoi confronti. Sulla carta intestata con lo stemma della celebre scuola reale di musica fondata dal principe di Galles, il futuro Edoardo VII, gli viene annunciata la sua ammissione.

Per la prima volta nella vita, forse, Mika si sente esattamente nel posto giusto. Ogni mattina alle 9 percorre con vero piacere l'atrio dalle colonne di marmo del magnifico palazzo in mattoni rossi, che troneggia fieramente su Prince Consort Road, nel quartiere vittoriano di South Kensington. Qui Mika potrà imparare la musica classica e acquisisce il titolo di studio più alto in materia. Una vera gioia. Ma c'è un rovescio della medaglia, come sempre: gli studenti che vede nei corridoi non sono abbastanza rock'n'roll per i suoi gusti, proprio per niente. Bisogna dire che per la maggior parte si preparano a entrare a far parte di grandi orchestre o, i più dotati, a diventare solisti famosi. Mika invece non perde di vista il suo amore per la musica pop. Ma intanto è cosciente di avere molto da imparare dalla rigorosa disciplina classica. E la scuola gli mette a disposizione tutto ciò di cui un musicista ha bisogno per perfezionarsi: sale di prova, studi di registrazione, una grande sala da concerti e un'altra più piccola per i recital, un magnifico teatro dalle poltrone rivestite di velluto color porpora, senza contare un piccolo locale sotto le volte dell'edificio dove si può suonare un organo di tali proporzioni che non sfigurerebbe in una cattedrale inglese. E, naturalmente, ci sono gli insegnanti dalle carriere illustri.

Ma quello che fa davvero la differenza è soprattutto la passione. Nessuno degli studenti è lì per caso. Hanno tutti la musica nel sangue e il loro talento, più o meno grande, chiede soltanto di sbocciare. Ciò che distingue Mika è ovviamente la sua voce molto estesa verso l'acuto. Perfezionista com'è, non la trova all'altezza di quella di certi suoi compagni. Anni dopo, il 27 maggio 2007, dirà al *Sunday Times* che si giudicava «mediocre». Confesserà anche che a quell'epoca conduceva una doppia, o addirittura una tripla vita.

C'è l'esistenza quotidiana di Mika. Quella di un allievo studioso, che non perde una lezione e approfitta di ogni momento libero per perfezionarsi. Poi c'è la vita che conduce di sera. Appena rientra a casa, si mette a scrivere freneticamente delle canzoni pop. C'è infine la sua terza esistenza, quella notturna, nella quale fa il cameriere in un bar per pagare i conti delle registrazioni in studio. Mika, infatti, continua a realizzare demo delle sue creazioni. Da una pinta di birra a una lezione di storia della musica, ha veramente poco tempo libero. Dorme poco, ma gli si aprono degli orizzonti reali sulla vita notturna, con i suoi incontri e le sue sfrenatezze.

Un'esperienza che ha certamente contribuito alla creazione di *Dr John*, come dimostra la traduzione di alcune strofe:

> Cerco la felicità in posti strani, a partire dal retro di un bar.
> Vedo lo sguardo di mia madre quando vede suo figlio distrutto in un angolo.
> Dice che la mia vita è finita.
> (...)
> Vedo lo sguardo di mio padre quando suo figlio cade a terra, distrutto.
> Padre, la mia vita è finita.

Alcol, droga, stravizi? Le parole fanno immaginare il peggio su questo periodo della sua vita. Ma una cosa è certa. Qualsiasi esperienza Mika affronti, Jonni veglia su di lui. E c'è da scommettere che sappia mettere un freno a certe deviazioni dalla buona strada, quando le giudica troppo pericolose.

2005. Mika ha appena festeggiato ventidue anni. Il bambino rotondetto dai fianchi femminili, deriso dagli allievi della scuola francese di Londra, è diventato un giovane uomo alto un metro e novantadue, che la gente per strada si gira a guardare. E il motivo c'è: Mika ha un viso dai tratti regolari circondato da lunghi capelli bruni riccioluti, una camminata dinoccolata ma virile, e il più delle volte ha sul viso un ampio sorriso tanto infantile quanto attraente. Se a questo si aggiunge che il suo modo di vestire è sempre molto colorato e originale, che gli piace mischiare gli stili e gli succede spesso di portare una bombetta con una T-shirt vivace, pantaloni aderenti e Converse colorate, si può capire come riesca a essere seducente senza troppa fatica. Il fattore più importante, forse, è che crede più che mai nella sua buona stella. Certo, le case discografiche continuano a snobbarlo, ma lui è persuaso che un giorno o l'altro qualcuna cambierà parere. E allora, senza scoraggiarsi, lavora giorno e notte per creare finalmente quella hit che farà di lui una star.

Per conto suo, Jonni Penniman si preoccupa di nuovo per suo figlio. Conosce la sua ostinazione. Se non riuscirà a sfondare come lui si augura, il suo diploma del Royal College of Music sarà sufficiente per fargli trovare lavoro? Anche se angosciata, ha la saggezza di non farlo vedere. E Mika, assorbito dalla messa a punto di un nuovo demo per le case discografiche, non si rende conto di quanto sua madre sia in pena. Questa volta, d'altronde, è convinto che il successo non si farà attendere ancora molto. Con il denaro guadagnato grazie ai suoi lavoretti, può finalmente affittare uno studio di registrazione degno di questo nome e incidere una canzone su CD come un vero professionista.

Un telefono suona. Mika corre. Risponde, poi si blocca. Paralizzato. Perché quella, finalmente, è la chiamata che aspetta da lunghi mesi, da lunghi anni. A parlargli è l'assistente di un produttore discografico londinese, uno di quelli ai quali Mika ha mandato il suo CD curato con tanta pazienza, che gli dice con voce allegra: «Signor Penniman, abbiamo ricevuto il suo CD. Il signor F. vorrebbe ascoltare un'altra delle sue canzoni prima di proporle un contratto. È possibile?»

«Sì, certo!» risponde Mika. «Ve la mando domani.»

E l'invio è subito fatto. Perché il giovane cantante ha una quantità di pezzi pronti. Le sue canzoni parlano di tutto, senza mezzi termini: la paura, l'ingiustizia, l'indifferenza... Sceglie con attenzione un secondo pezzo e poi, ormai sicuro di essere vicino a ottenere il suo primo contratto, lo spedisce. Nelle settimane successive si ritrova cento volte a un passo dal morire di impazienza, prima che finalmente la risposta arrivi.

Una risposta che, Mika ne è sicuro, sarà positiva. Già orgoglioso e felice, apre la lettera della casa discografica con molta emozione e poca inquietudine. Quando la legge, gli manca la terra sotto i piedi. Perché è un mezzo rifiuto, non motivato dalla sua musica né dalla sua voce acuta. Ma dai testi, che il produttore giudica troppo «bizzarri». Gli artisti del momento si chiamano Craig David o Robbie Williams. A Mika viene rimproverato tra le righe il fatto di non assomigliare a questi cantanti. E gli viene suggerito di averli come esempio, se vuole firmare un contratto.

Nel febbraio del 2007, nello studio televisivo di *Taratata*, Mika affermerà: «In quel momento mi sono detto: Ah, volete che io sia Craig David? Neanche per sogno. Io mi trasformerò in Grace Kelly. Poi vedremo se vorrete sempre farmi un contratto!»

In effetti è dopo aver ricevuto la lettera della casa discografica che Mika, fuori di sé per la rabbia, scrive *Grace Kelly*, canzone che parla di un artista incompreso che non è apprezzato da nessun produttore. E le parole arrivano una dopo l'altra senza sforzo. Sono piene di rabbia, come testimonia la loro traduzione letterale:

Ti attraggo?
Ti respingo con il mio sorriso inquieto?
Sono troppo mascalzone?
Sono troppo provocante?
A me piace quello che piace a te?
Potrei essere un tipo di sani principi
Potrei essere odioso
Credo di essere un pochino timido
Perché non ti piaccio?
Perché non ti piaccio senza che tu mi abbia mai fatto provare?
Io provo a essere come Grace Kelly
Ma tutte le sue espressioni erano troppo tristi
Così provo a essere un po' Freddie
La mia identità è impazzita!
Potrei essere marrone
Potrei essere blu
Potrei essere viola come il cielo
Potrei essere offensivo
Potrei essere color porpora
Potrei essere quello che vuoi
Devo essere ingenuo

Devo essere cattivo
Devo essere ancora di più
Perché non ti piaccio?
Perché non ti piaccio?
Perché non esci da quella porta!
Come ce la posso fare?
Come ce la posso fare?
Come posso farti cambiare idea?
Ehi, tesoro mio
Ehi, tesoro mio
Portando la mia vita al limite
Perché non ti piaccio?
Perché non ti piaccio?
Perché non ti piaci?
Mi devo piegare?
Devo sembrare più vecchio perché tu mi esponga sul tuo scaffale?

Mika sa di aver scritto la hit che sogna dall'adolescenza? Probabilmente no. Ma è sollevato. Ha sfogato tutto il suo rancore, ma anche l'incertezza e l'incomprensione che lo tormentano. Ha ventidue anni, non è un disadattato, è anche piuttosto fiero di aver ricevuto un'educazione *so british*, e allora? La sua età, il suo talento, l'ingenuità, la gentilezza, l'educazione sarebbero tutti handicap nel momento di iniziare una carriera? Ecco la domanda che nella canzone pone agli onnipotenti produttori di questa città che dovrebbe essere al passo con i tempi. Quanto tempo impiegherà per comporre la musica di *Grace Kelly*? Passerà dallo studio a registrarla? In ogni caso, sull'onda della rabbia Mika va fino in fondo nel fare quello che ha deciso: inviare il pezzo a chi ha tradito la sua fiducia. E questa volta non controlla neanche più la posta ammucchiata sul mobile dell'ingresso, perché sa che nessun produttore oserà rispondere favorevolmente al suo pesante attacco.

Questo episodio non gli porterà l'atteso contratto, ma gli permetterà di capirsi. A quasi ventitré anni, Mika ha ormai fiducia in se stesso, nel proprio stile e nel proprio talento. Un giorno il vento girerà. Gli resta soltanto da imparare ad aver pazienza, cosa che fino a quel momento non è mai stata il suo forte. Ma il destino si incaricherà di dargli una bella spinta.

Per scacciare i brutti pensieri, Mika parte per un viaggio. Come sempre, appena arriva all'aeroporto di Heathrow tutto si mette al meglio. Tra qualche minuto si imbarcherà per New York, dove vive il ramo paterno della sua famiglia. Va a trovare la nonna, che gli ha chiesto di partecipare a una grande festa famigliare. Appena preso posto nel Boeing 777, con gli auricolari dell'iPod nelle orecchie, abbassa il sedile e, come ogni passeggero che desidera viaggiare tranquillamente, si guarda intorno per assicurarsi che non ci siano bambini che si metteranno a piangere durante le otto ore di volo. Poi, in attesa del decollo, guarda i passeggeri che gli stanno accanto e quelli che lo circondano. Chi sono? Che cosa fanno nella vita? Mika si interroga, cerca risposte. Poi gli resta solo da gustare il suo pasto, prima di guardare uno dei film proposti e di chiudere infine gli occhi, cullato dal rumore dei motori a reazione.

Quel giorno, nell'aereo che attraversa l'Atlantico, Mika è persuaso di partire per una bella vacanza. Non immagina neanche per un secondo che presto il suo destino cambierà radicalmente.

7
IL SOGNO AMERICANO

New York è una città magica. Anche se gli edifici sono circondati da una spessa nebbia, Mika ha l'impressione che per lui il cielo presto brillerà. Ha appena conosciuto, infatti, una graziosa ragazza bionda dagli occhi chiari. Contrariamente a ciò che si potrebbe credere, non è una potenziale innamorata, ma una produttrice musicale. Secondo l'amico della nonna di Mika che li ha presentati, potrà aiutarlo perlomeno a iniziare finalmente una vera carriera artistica.

Quando si tratta di realizzare il suo sogno, Mika mette da parte la sua naturale riservatezza. Tuttavia, si potrebbe scommettere che si senta un po' intimidito in occasione del suo primo incontro con Jodi Marr. La giovane donna sembra avere solo pochi anni più di lui, ma il suo sguardo rivela una grande esperienza della vita e una sacrosanta fiducia in se stessa. Mika sa che Jodi è una musicista nota negli Stati Uniti. È anche una paroliera fuoriclasse, che scrive canzoni per grandi cantanti del momento come Ricky Martin o per artisti come l'infaticabile Julio Iglesias e Richie Sambora del gruppo Bon Jovi. Ma, soprattutto, è una rinomata produttrice.

Senz'altro Jodi Marr è sempre alla ricerca di nuovi talenti. Si può però immaginare che questo appuntamento combinato da uno dei suoi vecchi amici la infastidisca un po'. Quante volte le sono stati raccomandati dei talenti in erba? Quante volte è stata amaramente delusa? Tuttavia, quando Jodi incrocia per la prima volta lo sguardo di Mika sente d'istinto che le cose andranno diversamente. L'alto ragazzo che le sta di fronte ha senza dubbio fascino e disinvoltura. Resta da sapere se ha del talento. Quando ascolta il demo che Mika le ha dato, Jodi rimane stupefatta da quello che sente. E gli accorda un secondo, poi un terzo appuntamento...

È così che l'artista in erba e la produttrice già esperta cominciano a conoscersi a poco a poco. Contrariamente a Mika, Jodi, che è cresciuta a nord di Miami Beach, in Florida, dove abita tuttora, ha iniziato a prendere lezioni di pianoforte all'età di sei anni. Alle superiori ha cominciato a preferire il rock alla musica classica, ma ha comunque sempre saputo che della musica avrebbe fatto il suo lavoro a tempo pieno. Dato che frequentava una scuola cattolica, ha fatto parte del coro. La sua giovane vita ha cambiato direzione quando un vicino di casa dei suoi genitori le ha fatto scoprire i Kiss e l'hard rock. Un vero e proprio choc! A quindici anni forma un gruppo rock e poi fa, a una a una, tutte le tappe necessarie per diventare quella che ora è: un'artista riconosciuta e rispettata.

Fortunatamente per Mika, Jodi non è come gli altri produttori. Al contrario dei suoi colleghi britannici, impazzisce letteralmente per *Grace Kelly*. Non soltanto le parole non la sconvolgono, ma la divertono molto. Sia il testo sia la musica hanno dei difetti, è chiaro, tuttavia Jodi crede nell'energia e nell'irruenza di Mika. La sua voce le piace ed è persuasa che Mika la possa migliorare, lavorando ancora un po'. Secondo lei il ragazzo è una vera promessa. Ed è d'accordo per aiutarlo ad avviare la sua carriera. Purtroppo Mika, al quale propone di lavorare con lei alla riscrittura dei suoi testi, deve declinare la proposta. È venuto negli Stati Uniti solo per qualche settimana. Ormai la vacanza è arrivata alla fine. Deve ripartire, con la morte nel cuore, e voltare le spalle alla sua buona stella.

Forse nessun viaggio è mai stato così triste per Mika.

Nell'aereo che lo riconduce in Europa, il ragazzo si sforza di non lasciarsi sommergere dalla delusione. Si può scommettere che durante le otto ore di volo, con gli auricolari nelle orecchie e gli occhi chiusi, abbia girato e rigirato nella testa gli estremi del problema. Bisogna che trovi del denaro per un altro volo. I risparmi realizzati con i vari lavoretti se ne sono andati come neve al sole... Trovare denaro, sì, ma come? Lavorando? Fino a quel momento, tutto ciò che ha fatto era così mal pagato! E poi ha fretta. Con Jodi ha stabilito un contatto eccellente; tra loro è nata una vera amicizia molto rapidamente. Ma resisterà alla prova del tempo? Jodi è occupata, ha anche troppi impegni. Forse non dimenticherà Mika, ma a poco a poco sarà inghiottita di nuovo dal ritmo frenetico delle sue attività quotidiane. Presto nella sua vita non ci sarà forse più posto per lui. Mika deve agire, deve trovare in fretta il modo di raggiungerla di nuovo.

Quando spinge la porta di casa, a Londra, è ancora in preda alle stesse preoccupazioni. Nonostante la prossimità delle feste di fine anno e la promessa di calorosi momenti famigliari, gira in tondo come un leone in gabbia. Certo, comunica con Jodi via email, cosa che lo rassicura un po'. Ma non è abbastanza per procedere nel lavoro come vorrebbe. E Mika a casa si sente a disagio. Sbandato. Nel posto sbagliato. Dovrebbe essere là, a Miami, al fianco di quell'esperta amica che gli manca tanto.

Non per niente Mika è un ossessivo. A forza di pensarci, finisce per trovare il mezzo per comprare un nuovo biglietto d'aereo. Il mezzo, semplicissimo, è un prestito richiesto a una banca e destinato in teoria a permettergli di proseguire gli studi. Mika ha mentito, ma per una buona causa, e il prestito sarà poi integralmente rimborsato. Tuttavia, invece di permettergli di seguire dei corsi universitari, il denaro finanzierà cinque viaggi di andata e ritorno per la Florida nel giro di un anno.

Più il tempo passa e meno a Mika piace viaggiare in aereo. Prima dell'imbarco, le formalità sono sempre più fastidiose. Soprattutto è l'essere confinato per ore in uno spazio chiuso che gli pesa. Ma, ogni volta che va negli Stati Uniti a trovare Jodi, dimentica i disagi che gli procura il viaggio. Vola verso il successo, ne è sicuro. Arriva perfino a farsi piacere l'umidità che lo accoglie quando sbarca. A Miami, l'aria è insieme calda e umida. È un'atmosfera che Mika ama, perché è quella che ogni volta segna il suo ritorno. E non si parla di perdere tempo. È venuto per lavorare e non per crogiolarsi al sole sulla spiaggia o per bere un delizioso cocktail su Ocean Drive, all'ombra degli edifici in stile Art déco. Molto presto Mika si rende conto che a Miami si parla più spagnolo che inglese, ma la sua conoscenza della città si ferma qui. Passa in albergo, mette giù le valigie, fa una doccia e fila subito da Jodi. Preoccupato di non perdere neanche un secondo del tempo prezioso che passeranno insieme.

«No. Non va. Ricominciamo.»

Sono ormai molte ore che Jodi e il suo allievo lavorano. Ma non c'è niente che arrivi a soddisfare la giovane donna. Quello che si propone è di far crollare le ultime barriere di Mika, per far risaltare la sua personalità così speciale. La sua fantasia, la sua intensa immaginazione, la sua visione quanto meno anomala delle cose l'hanno reso un bambino fuori del comune, emarginato dai suoi compagni. Adesso, quelli che tutti consideravano dei difetti dovrebbero aiutarlo a diventare un artista brillante. Per il momento deve, prima di tutto, imparare a trarre il meglio da se stesso, disciplinarsi, canalizzare la sua fenomenale energia. E, chiaramente, deve capire come una canzone diventa una hit. Per questo Jodi, ormai una maestra sull'argomento, gli rivela con generosità il proprio metodo.

«Io mi accosto alla creazione di una canzone come se si trattasse di raccontare davvero tre minuti della mia vita», gli spiega. «Poi la scrivo come una storia breve o come un monologo. Non metto mai delle parole semplicemente in fila una dietro l'altra.»

Dunque scrivere una canzone non consiste soltanto nel lasciare che i propri sentimenti – ira, rancore, speranza, amore – vengano a galla sotto forma di frasi? Sembra incredibile, ma per Mika è una rivelazione. Così, con l'aiuto di Jodi, riscrive *Grace Kelly* in tutt'altro modo. E nello slancio nascono altri quattro pezzi.

Santo cielo, quanto piace a Mika il posto! Dappertutto, allo studio di registrazione, sono appesi alle pareti dei dischi d'oro e di platino accanto a poster dei Bee Gees. Mika è nello studio del grande Barry Gibb, che con i suoi fratelli è stato un idolo degli anni Settanta e Ottanta. Quante ore Mika ha passato nella propria stanza ad ascoltare e a cantare le loro canzoni? Mentre segue un ingegnere del suono, che l'ha ricevuto per amicizia nei confronti di Jodi Marr, il ragazzo si sente spuntare le ali. Ma continua a tenere un comportamento di basso profilo perché il proprietario dello studio non sa che lo utilizzerà gratuitamente. Meglio restare discreti.

«Via, andiamo!»

Mika è seduto davanti a un pianoforte enorme. Dall'altro lato del vetro, l'ingegnere del suono gli fa segno di attaccare la prima canzone, prima di regolare i livelli d'entrata della sua *console*. Perplesso, ascolta Mika, che intona un motivo via via sempre più forte. Si sta esercitando o sta cantando davvero? Mika suona il piano con frenesia. È cosciente, in quel momento, di stare provando? O è già perso nella musica, porta d'ingresso di quell'universo onirico dove ama vivere? Poco importa, la magia sta operando. Da dietro il vetro l'ingegnere del suono, così meravigliato un attimo prima, gli sorride e alza il pollice. Gli piace quello che sente. Meglio ancora, la voce di Mika lo sbalordisce, eppure lui è un professionista! D'improvviso, è meno dispiaciuto di essersi lasciato coinvolgere in questa registrazione. Se il suo datore di lavoro venisse a sapere che ha lasciato entrare un perfetto sconosciuto, gliela farebbe pagare cara. Per la cronaca, va detto che purtroppo avverrà proprio questo. Quando Gibb viene a sapere quello che è successo, si arrabbia davvero e licenzia, senza mezzi termini, il suo collaboratore. Certe volte, verrebbe da scrivere, non c'è proprio giustizia.

Qualche giorno dopo, con cinque buone canzoni in tasca e la certezza che il mondo della musica pop ormai aspetta solo lui, Mika prende seriamente in considerazione l'idea di bussare alla porta dei produttori americani. Con saggezza, Jodi lo blocca. Lei è esperta di questo mestiere e sa che, se Mika invierà il suo demo in quel momento, non avrà nessuna speranza che sia preso in considerazione.

«Quello che hai fatto va bene», dice al suo protetto. «Ma bisogna ancora che tu perfezioni il tuo universo creativo. E che lo presenti in una forma che ti corrisponde.»

«Cioè?»

«Ci vuole una copertina che 'spacchi' e soprattutto che rifletta la tua vera personalità. Conosci qualcuno che la potrebbe fare?»

«Qualcuno?» Mika non esita nemmeno un secondo: «Certo che conosco qualcuno. Yasmine, mia sorella!»

Ottima idea. Yasmine, l'alter ego femminile di Mika, fa la grafica. Lui sa di poter contare su questa graziosa ragazza bruna dagli occhi di un azzurro molto chiaro, che è da sempre la sua confidente. Contrariamente a lui, Yasmine si presenta sotto pseudonimo. Nell'ambiente grafico, le sue creazioni firmate DaWack cominciano a far parlare di lei. Come suo fratello fa attraverso la musica, Yasmine dà libero corso alla propria personalità nei disegni. Il suo universo fiabesco, naïf e molto colorato sarà perfetto per la copertina.

«Ascolta, ecco quello che voglio...»

Mika spiega a sua sorella quello che si aspetta da lei. Seduta vicinissimo a lui, Yasmine tende l'orecchio continuando a scarabocchiare. Sta attenta, certo, ma ha già una sua idea. Ha ascoltato le canzoni sulle quali Mika ha lavorato con Jodi Marr e le trova fenomenali. Rimane, adesso, il compito di far aderire l'immagine di Mika a quelle parole piuttosto acidule. Fino a quel momento, suo fratello ha sempre avuto un aspetto da «piccolo inglese perbene». La mamma ne è soddisfatta, ma c'è da scommettere che le case discografiche l'abbiano trovato troppo savio, troppo contenuto. Per sfondare nel mondo che gli sta tanto a cuore, Mika deve cambiare completamente la propria immagine artistica, mettere in primo piano il pazzerello pieno di doti che lei conosce così bene. Da sempre suo fratello canta, balla, salta, grida. Una vera bollicina di champagne, un concentrato di brio e di allegria sotto un'aria timida e riservata. Sì, è questo. È il lato frizzante di Mika che deve saltare agli occhi dei produttori. Yasmine si china sul suo grande tavolo da disegno, prende le matite e i pennarelli di tutti i colori.

* * *

«Ti piace?»

Mika guarda la copertina disegnata da sua sorella e resta a bocca aperta. Sa quanto Yasmine gli è vicina, ma non pensava che sarebbe stata capace di rendere così bene tutte le componenti della sua personalità. Nel disegno che gli mostra, sono messi in evidenza tutti i suoi aspetti. E, anche se chiede qualche modifica, rispetta e adotta le scelte di sua sorella, che ha fatto nascere Mika, l'artista!

Una scatola coloratissima chiusa da un bel nastro: ecco l'oggetto che qualche giorno dopo arriva alla sede newyorchese della Universal Music. È indirizzata alla Casablanca Records, una delle etichette della major, e viene posta sulla scrivania di uno dei direttori artistici incaricati di scoprire nuovi talenti. Quando apre la scatola, il discografico rimane già sorpreso e divertito dalla grafica e dai vivacissimi colori della copertina. Appena comincia ad ascoltare il CD, tende l'orecchio. Non soltanto la musica, ben arrangiata e piena di brio, è un gioiello, ma la voce dell'interprete gli ricorda le prodezze vocali di Freddie Mercury, il frontman dei Queen. Decisamente, la giornata comincia bene.

Mika è certamente felice quando riceve la telefonata del direttore artistico della Casablanca Records. Ed è ugualmente colpito quando l'altro gli propone un appuntamento con Tommy Mottola, capo della casa discografica. L'etichetta non è tra le più conosciute, per quanto abbia prodotto artisti come Donna Summer, che Mika adora, ma Mottola non è l'ultimo arrivato nell'industria del disco, avendo diretto per molti anni Sony Music. Nel 1993 si è anche concesso il lusso di sposare Mariah Carey, prima di farne la star i cui dischi sono tra i più venduti al mondo. Ma Mika, che ha inviato non meno di centodieci esemplari del suo nuovo demo, questa volta ha già ricevuto numerose altre richieste di appuntamenti.

Spiegherà in un'intervista rilasciata nel 2007 al *Sunday Times*: «Lavorare a New York è di una 'volgarità' liberatoria. Non è così a Londra, dove tutti mi prendevano per un ragazzo viziato, per un tipo irritante».

Mentre si appresta a entrare nell'ufficio di Tommy Mottola, il giovane cantante decide di guardarlo un po' dall'alto in basso, di fare un tantino il sostenuto.

«D'improvviso, tutti mi volevano», dirà più tardi, il 28 aprile 2007, al quotidiano britannico *The Guardian*. «La prova? Tommy Mottola voleva farmi firmare un contratto. Io gli ho detto di no quattro volte perché non mi fidavo di lui. Volevo essere sicuro di poter realizzare il mio CD in condizioni soddisfacenti, e in ogni caso con lo stesso tempo, denaro e budget promozionale che veniva concesso agli altri.»

È sorprendente, ma è così. Mika, che ha tanto aspettato questo momento, adesso pone le sue condizioni. Con sicurezza, lui, che nel mondo della musica non è ancora nessuno, spiega come intende portare avanti la prima parte della sua carriera e afferma che sua sorella Yasmine e lui vogliono controllare tutta la parte grafica dell'album. Prima di proseguire, esige un regolare contratto, secondo il quale il marchio «Mika» gli apparterrà da ora in poi, con tutte le licenze relative. Di fronte a lui, Mottola nasconde un sorriso. La determinazione indomabile del suo interlocutore non lo irrita, anzi, lo diverte. Decisamente, questo ragazzo di ventitré anni è pieno di talento, e non soltanto in campo musicale. Sa anche condurre delle contrattazioni e rifiuta di vendere l'anima al diavolo, cosa che non è di tutti.

Allora il grande, il coriaceo Tommy Mottola si arrende.

Do I attract you?
Do I repulse you with my queasy smile?

* * *

Ancora una volta, Mika si ritrova in uno studio di registrazione. Cuffie sulle orecchie, dita che corrono sulla tastiera del pianoforte, occhi semichiusi, sta cantando *Grace Kelly*. Ma questa volta non è una dimostrazione fatta per agganciare un produttore, né un esemplare destinato a fini personali. Mika sta registrando, se così si può dire, «per davvero». E lavora come un matto per dare alla propria voce, alla propria musica, la perfezione richiesta da una futura hit. Senza lamentarsi, per ore e ore, riprende più e più volte ogni parola, ogni nota, ogni frase. In completo buonumore, registra tre titoli: *Relax (Take It Easy)*, *Happy Ending* e *Grace Kelly*. Ascoltando il risultato finale, tutti sono incantati. Adesso è il turno della produzione di far conoscere, tanto al pubblico quanto agli addetti ai lavori, il suo nuovo giovane talento.

La sfida, quando una casa discografica ingaggia un artista, è quella di fare in modo che tutti gli altri produttori rimpiangano di non essere stati i primi a notarlo, cosa che non succede sempre. Ma Tommy Mottola si è sbagliato poche volte. Ha lasciato la Sony Music nel 2001, accusato di aver fatto troppo poco per promuovere il decimo album di Michael Jackson, *Invincible* (che peraltro ha venduto tredici milioni di copie in tutto il mondo), ma non sono tanti gli insuccessi che ha alle spalle. Bruce Springsteen, le Destiny's Child, certi titoli di Céline Dion... dietro c'è sempre lui.

Anche questa volta dà prova del suo istinto. Mika ha un talento folle. È incredibilmente creativo. Ma il suo stile è assolutamente inglese. Perfino i Beatles hanno fatto molta più fatica a sfondare negli Stati Uniti che in Europa! Tommy Mottola decide quindi di presentare il suo protetto a Lucian Grainge, il suo omologo in Gran Bretagna. Un incontro che, ne è sicuro, spalancherà a Mika le porte del successo in tutta Europa. Verrà poi il momento di lanciarlo in America.

Questa presentazione segna il ritorno di Mika a Londra. Il ragazzo è senz'altro un po' triste, quando sale sull'aereo che lo riporta in Inghilterra. Era talmente convinto che avrebbe fatto carriera negli States! Ma ora ha fiducia in Mottola. Inoltre è felice di ritrovare il confortevole ambiente nel quale è cresciuto, e di gustare di nuovo i *mezze* di sua madre. Negli Stati Uniti, tutto preso dalla musica, si è accorto a stento di quanto tutto questo gli mancava. Mentre attraversa le strade di Londra, è contento anche di ritrovare l'architettura così particolare degli edifici vittoriani.

D'altra parte, il suo breve esilio l'ha trasformato e reso più sicuro. Ha un'energia incredibile e aspetta con impazienza l'incontro che, ne è sicuro, lo lancerà nel firmamento delle star.

Il giorno stabilito per l'appuntamento, tutti si ritrovano al *Kempinski Hotel* di Londra. Nell'atmosfera quieta, elegante e raffinata dell'albergo, Mika, vestito con estrema cura, saluta il capo del gruppo Universal Music Europe con il suo caratteristico slancio. Senza dubbio il giovane cantante è particolarmente soddisfatto di trovarsi di fronte a quest'uomo che, peraltro, non si è degnato di fare nulla con le musiche che lui gli ha inviato, sotto forma di demo, nel corso degli anni. Quel mattino, preparandosi all'incontro, Mika ha deciso di interpretare le proprie canzoni dal vivo: il miglior modo, secondo lui, di fare un'ottima impressione. Il problema è che non c'è un pianoforte nella sala riunioni dove si trovano. Allora, senza abbattersi, Mika si alza e invita tutti a seguirlo nel bar dell'albergo. Lì, senza inibizioni, si mette al pianoforte sotto gli occhi stupiti dei clienti. Le sue dita volano accarezzando i tasti. Non importa se sia da solo o se stia per mettere in gioco la propria carriera. Sta bene, questo è tutto.

«Tommy mi aveva detto di avere un artista fuori del comune e che desiderava che lo incontrassi», ricorderà nell'aprile 2007 Lucian Grainge in un'intervista al *Guardian*. «Quella volta ha interpretato cinque canzoni. Ho capito che era un genio.»

Relax, *Lollipop*, *Big Girl (You Are Beautiful)*, *Happy Ending* e *Grace Kelly*: Mika canta e suona tutti i suoi pezzi davanti allo staff di discografici sbalorditi. Ormai sono convinti che Mottola abbia messo le mani su una perla rara. Inoltre, Lucian Grainge dirà più tardi che i cinque pezzi cantati da Mika quel giorno erano tutti potenziali single. Una cosa mai vista.

Ma bisognerà cominciare con una sola canzone. Allora, d'accordo con l'artista, il produttore inglese decide di lanciare per prima *Relax (Take It Easy)*.

8

2006, ANNO DECISIVO!

La Scozia è il Paese che la Universal ha scelto per il primo tour di Mika. Il giovane cantante farà i primi passi sulla scena a Glasgow. La città è molto accogliente, ma lui non ha tempo per visitarla e nemmeno per andare a bere uno dei meravigliosi whisky serviti nei pub. Quella sera del 2006, Mika pensa soltanto allo spettacolo che terrà in una piccola sala cittadina.

Ha cantato due volte in opere importanti, nel più grande teatro lirico inglese. Oggi il pubblico davanti al quale si deve esibire sarà ristretto: una ventina di persone in tutto. Ma non importa, il ragazzo ha il panico da palcoscenico. Per lui questa è una prima, di fatto, e Mika non vuole a nessun costo fallire nel coronamento del sogno che accarezza da tanti anni. Arriva molto presto sul posto e resta là, nella sala vuota, a immaginare quello che affronterà quella sera stessa. Non sarà il solo a esibirsi; un altro artista, noto e apprezzato, deve cantare nella prima parte. Non c'è dubbio che il pubblico verrà per lui. Quando sarà la volta di Mika, gli spettatori resteranno o si alzeranno per uscire? Lo ascolteranno o si metteranno a chiacchierare tra di loro, senza prestargli nessuna attenzione? Mika cammina in lungo e in largo, nervoso forse come non è mai stato. A poco a poco, attorno a lui la sala si anima. Arrivano dei musicisti che si mettono ai loro posti. Le luci si accendono. Si sentono le prime note di musica mentre i tecnici regolano il suono. Con discrezione Mika si allontana. Ascolterà il concerto in un angolo, respirando profondamente per calmare i battiti del cuore. Tra meno di un'ora e mezza toccherà a lui salire in scena. Sotto i proiettori. Finalmente!

Ecco, l'«altro» ha già finito di cantare. Gli applausi sono fragorosi. Il cantante saluta. Gira i tacchi ed esce, con i suoi musicisti dietro di sé. Mika, che l'ha ascoltato per tutta l'esibizione, si prepara a prendere il suo posto. Ha la gola serrata dal trac come tutti gli artisti, anche i più agguerriti: una paura che scompare appena si cantano le prime note. Ma nello stesso tempo Mika sente crescere dentro di sé una nuova energia. Si alza e raggiunge il palcoscenico come in sogno. Con lui ci sono Cherisse Osei alla batteria, lo scozzese Martin Waugh alla chitarra, Michael Choi, basso e seconda voce, e Luke Juby alle tastiere. Prendono posto. Mika li conosce bene. Hanno provato insieme decine di volte, uniti come le dita di una mano. Eppure questa sera è tutto diverso. Perché là, davanti a loro, ci sono gli spettatori, così vicini che Mika può leggere nei loro occhi se siano conquistati dalla sua musica oppure no. I più grandi artisti, che sono passati per esperienze del genere, dicono che esibirsi in queste condizioni è molto più difficile che davanti a ottantamila persone. E dato che la musica di Mika, ritmata e danzante, è più adatta per muoversi su una pista da ballo che per stare ad ascoltare da seduti, si può dire senza paura di sbagliarsi che la serata per lui sarà una vera prova. Ma dietro il suo pianoforte, lui si impegna. Spavaldamente, mentre canta guarda il suo primo pubblico. La donna in prima fila che lo ascolta con un mezzo sorriso sulle labbra. L'altra che inclina la testa di lato, visibilmente conquistata. Di fianco a lei, un ragazzo batte il piede seguendo le note... Mentre il tempo passa, sempre più a suo agio, Mika sente che la magia sta operando. Un'ondata di felicità che non ha mai provato prima sale dentro di lui, tuffandolo nell'euforia.

La sfida è stata dura, ma la serata è un vero successo:

Febbraio 2007: per l'uscita di «Life in Cartoon Motion», Mika è già una stella, ai primi posti delle classifiche di tutto il mondo con *Grace Kelly*.

Marzo 2007: un divertente scambio di battute con Michelle Hunziker sul palco del 57° Festival di Sanremo.

SEGUI IL LINK PER VEDERE I MIGLIORI VIDEO CON MIKA
Medley a Taratata, 9 febbraio 2007 (in francese).

Ad aprile dello stesso anno, Mika è ospite del Coachella Valley Music and Arts Festival in California.

La magica estate del 2007 vede Mika ospite di molti eventi musicali inglesi: a fianco, sul palco del V Festival a Weston Park; sotto, al Glastonbury Music Festival nel Somerset.

Billy Brown *live a Parigi, piazza della Bastiglia, 21 maggio 2013.*

Il backstage del video Popular Song *feat. Ariana Grande.*

4 novembre 2007: trionfo ai World Music Awards, dove un raggiante Mika stringe i premi ricevuti.

A un anno esatto dal debutto, Mika parte per il primo tour negli USA: sopra, durante il primo concerto all'Electric Factory di Filadelfia.

A sinistra, con la debuttante Adele, a passeggio per Londra.

Los Angeles, febbraio 2009: elegantissimo in smoking, Mika è uno degli invitati del *Vanity Fair* Oscar Party.

Il ritorno all'Electric Factory di Filadelfia nell'ottobre 2009.

Gennaio 2010: a pochi giorni dal terribile terremoto di Haiti, il creatore di *X Factor* Simon Cowell chiama a raccolta ventuno tra i più popolari artisti del mondo per registrare il singolo *Everybody Hurts*, i cui ricavi vanno in beneficenza per la popolazione dell'isola. Oltre a Mika, qui in sala di registrazione, prendono parte all'operazione personaggi come Robbie Williams e i Take That, Kylie Minogue, Mariah Carey, Cheryl Cole, Susan Boyle, James Morrison, Jon Bon Jovi e Rod Stewart.

Il video ufficiale di Everybody Hurts *(Mika compare al minuto 1:30).*

Una versione unplugged di The Origin of Love.

Il tour di Mika raggiunge l'Italia: qui in concerto a Roma il 6 luglio 2010...

...e a Riccione il 19 agosto.

Uno stile eccentrico, elegante e unico ai Brit Awards 2010.

Un paparazzo sorprende Mika in tenuta da corsa all'uscita di un caffè a Covent Garden, nel dicembre 2010.

23 luglio 2011. Davanti a un pubblico immenso, Mika e la sua band si esibiscono con un look rococò al più importante appuntamento musicale svizzero, il Paléo Festival di Nyon.

Gennaio 2012. Mika presenzia agli NRJ Music Awards al Palais des Festivals di Cannes.

Sul palco del Lovebox Festival a Victoria Park, Londra, nel giugno 2012.

«Sono dislessico, ma la musica ha cambiato tutto.» Intervista a Radio Deejay, 19 ottobre 2013.

Vieni con me. *Live @RDS.*

In alto, una posa buffa post concerto all'*Heaven* di Londra.

Sopra, con Dita von Teese, che a fine serata scriverà in un tweet: «Lezioni di guida sul lato sbagliato della strada e con la guida a sinistra nella decapottabile vintage di @mikasounds».

Mika, quanto sai della cultura italiana?

Emily: *perfomance live all'Atlantico di Roma.*

Ancora in Italia: a destra, sul palco del festival 10 Giorni Suonati di Vigevano, il 24 luglio 2012.

Sotto, all'Atlantico di Roma il 10 novembre.

Il tipico salto di Mika in un servizio fotografico realizzato a Madrid per la presentazione di «The Origin of Love» nell'ottobre del 2012.

X Factor 2013: con le ragazze della squadra Under 25 Donne. Da sinistra, Violetta, Gaia e Valentina.

Lezione di inglese alle audizioni 2013: Really o Willy?

In alto, un divertito Mika durante le audizioni al Teatro Dal Verme di Milano.

Sopra, i saluti iniziali alla prima puntata con Elio, Simona Ventura e Morgan.

Mika «completamente fantastico» in total look tartan di Moschino.

Mika canta la sua Grace Kelly *con i ragazzi di* X Factor *2012.*

ll'edificio, in un locale equipaggiato con ogni tipo di rumento musicale e di apparecchiatura elettronica, giovane cantante si è creato un universo tutto suo. ome una seconda camera da adolescente. Qui, come ice lui stesso, gioca con i Lego: è così che definisce la omposizione delle sue musiche, una costruzione di uoni, melodie e armonie sapientemente dosati. Mika esultante. Può dare libero corso al suo talento e ha utti i mezzi necessari per farlo. La sua immaginazione galoppa. Le parole e i motivi musicali si susseguono nella sua testa con una rapidità folgorante, ma anche spossante per chi lo circonda. Nelle sue fasi creative, Mika si isola dal mondo reale e solo la sua famiglia ha il diritto di disturbarlo. Lo affermerà al quotidiano britannico *The Sun* poco prima dell'uscita del suo album, il 2 febbraio 2007: è proprio la famiglia a ispirarlo, certe volte, quando scrive i suoi testi. Come per la famosissima *Lollipop*: «Questa canzone è un messaggio per la mia sorellina Zuleika. Volevo dirle che non doveva avere dei rapporti sessuali troppo presto, perché in questo campo le cose sono molto diverse per le ragazze e per i ragazzi. Le dicevo: sii prudente! Ma è stato molto divertente far passare il messaggio attraverso il testo e la musica».

Lollipop è destinata alla giovane Zuleika, ma per

Dopo un anno dalla loro prima esibizione assieme, Mika canta *Stardust* in duetto con Chiara Galiazzo sul palco di *X Factor*. Un momento indimenticabile.

Il primo duetto con Chiara a X Factor 2012.

Novembre 2013: nel giardino di Villa Necchi Campiglio a Milano, Mika promuove il nuovo album «Songbook Vol. 1». PER TUTTE LE FOTO © CORBIS IMAGES

Mika è al settimo cielo. Purtroppo
collezionerà parecchi fiaschi in sale
tutto vuote. Una sera a Birmingha
prosegue in Inghilterra, sua madre s
distribuire biglietti gratis fuori della
attirare qualcuno. Il giovane cantant
ma non si scoraggia per questo. Per
It Easy) viene scaricata da internet a
Universal ha deciso infatti di provare
prima di tutto su iTunes. Mika ha poi
blog su internet con l'aiuto di Iain Wa
della major discografica. Networking,
book, YouTube, lo si sente cantare e su
siti e su tutti i blog... Così i produttori
oltre per fargli registrare in studio un alb

È mezzogiorno a Hollywood, il dist
rico più famoso di Los Angeles, culla d
della musica statunitense. Davanti alla
un piccolo edificio, sul bordo di una fio
si concede una pausa mangiando un sand
suo ingegnere del suono e il suo arrangiator
settimana prima ha attraversato di nuovo
per lavorare alla creazione del suo album. A

de
st
il
C
d
c
s
è
t
g

far arrivare il messaggio a tutte le ragazze Mika pensa di aggiungere alla propria voce, all'inizio del pezzo, quella di una bambina. Impossibile chiederlo a Zuleika, che non ha più un timbro infantile. Ma non c'è problema, perché la loro famiglia è grande. Mika chiede a Audrey, una cuginetta di nove anni, di raggiungerlo.

«È una delle ragazzine più buffe che io abbia mai conosciuto», dirà. «Per questo ho pensato immediatamente a lei. Le ho offerto una camera in un hotel di lusso a Hollywood. Per quattro giorni è stata viziata come una star!»

Ma non è soltanto la famiglia a ispirare Mika. In realtà, tutto ciò che lo circonda sembra dargli lo spunto per comporre. La notte prima del viaggio per Los Angeles – come abbiamo detto, detesta prendere l'aereo e dorme male alla vigilia di ogni partenza – un documentario lo ispira e gli fa mettere sulla carta quello che diventerà un altro dei suoi pezzi più conosciuti. «Guardavo la televisione», ricorderà nella stessa intervista al *Sun*. «Potevano essere le due del mattino. Sono capitato su Channel 4, dove c'era un servizio di Victoria Wood, un'inchiesta sulle persone obese negli Stati Uniti. La Wood era andata in un club chiamato *The Butterfly Lounge*. È un posto unico nel suo genere: una discoteca riservata alle donne grasse.

Le magre non possono entrare! Quelle donne erano assolutamente splendide. Mi sono detto: devo scrivere qualcosa su di loro. Ho spento il sonoro del televisore e mi ci sono messo subito. Non pensavo che avremmo messo questa canzone nell'album, ma qualche settimana dopo l'abbiamo registrata.»

La canzone scritta in poche ore porta il titolo *Big Girl (You Are Beautiful)*. Con il suo accompagnamento insistente, molto vivace e ritmato, è una sorta di inno alle rotondità femminili. Ed è anche un modo elegante per Mika di dire a sua madre quanto la trovi bella. Quanto a *Happy Ending*, canzone di rottura secondo la sua stessa definizione, gli sarebbe stata ispirata dalla vista dei tantissimi senzatetto che vivono per le strade di Los Angeles.

Un album è lungo e difficile da comporre, e ancor più da registrare. Ogni nota, ogni parola, ogni verso vengono ripetuti tantissime volte. È necessaria un'intensa concentrazione perché alla fine il risultato sia perfetto. Nel corso di lunghe giornate, Mika ancora una volta lavora senza sosta. Di sera non va nei locali trendy della città, ma torna al suo albergo che sta a pochi chilometri dallo studio. Un hotel piuttosto elegante, ma del quale il giovane cantante riesce a stento ad apprezzare il comfort: è troppo teso verso il suo unico scopo, quello di realizzare al meglio l'album. Non dovrà prestare il fianco alla minima critica. Mika non vuole più insuccessi. Tutto dev'essere assolutamente impeccabile! Probabilmente è in questo periodo che Mika si rivela per quello che è ai suoi nuovi produttori. Sempre allegro e di buon umore, con un ampio sorriso da ragazzo sulle labbra, nel profondo è però molto inquieto e angosciato. Non ha niente del tipo superficiale al quale le sue canzoni potrebbero far pensare e che rappresenta, indubbiamente, la reazione all'educazione rigorosa che l'ha fatto tanto soffrire. È invece un ragazzo pensieroso e sensibile a tutto ciò che lo circonda.

Finalmente arriva il giorno, insieme tanto eccitante e tanto temuto, dell'ultima fase della creazione. Quello in cui tutto è ormai stato detto o, piuttosto, registrato. Questa volta, tutti sono d'accordo per inviare la traccia digitale verso le fasi successive della realizzazione del CD. Yasmine si applica alla creazione della copertina dell'album. Proprio come il fratello, con il quale ha parlato a lungo, la vuole effervescente, coloratissima e molto psichedelica. Come la scatola contenente il demo che qualche mese prima ha aiutato Mika a realizzare il suo sogno! L'ingranaggio è ormai in movimento. Aspettando l'uscita dell'album, che avverrà solo dopo qualche mese, Mika è forse più fatalista che angosciato, come molti altri artisti? Forse non ha neanche il tempo di chiederselo. Perché *Relax (Take It Easy)*, il suo primo single, finalmente sta per comparire negli espositori dei negozi di dischi, dopo essere stato tra i più scaricati da internet. E Mika deve imparare sul campo un aspetto del tutto nuovo del suo mestiere: come promuovere un disco.

La campagna pubblicitaria che precede l'uscita è impressionante. I discografici fanno infatti realizzare degli splendidi manifesti che vengono affissi nella zona est di Londra. Per la prima volta, il nome di Mika è scritto in caratteri cubitali.

«La gente li strappava per conservarli!» racconterà il cantante nella già citata intervista al *Guardian*.

Gioia e orgoglio. Sono questi, senza dubbio, i due sentimenti che dominano Jonni in questo periodo, anche se lei rimane prudente e si rifiuta di credere fino in fondo alla fiaba che suo figlio sta vivendo. Ma non importa, perché Mika ci crede per due. Ha delle buone ragioni. Il 1° ottobre 2006, eccolo da solo di fronte a un giornalista in una trasmissione di BBC Radio One. Dall'altro lato del vetro, il suo manager e il suo addetto stampa sono seduti dietro l'ingegnere del suono che regola i microfoni. Mika sa che non sarebbe nel suo interesse incepparsi nel parlare. D'altronde, pagherebbe chissà che cosa per sapere quali domande gli saranno fatte. Ha cercato di saperlo, facendo l'indiscreto, ma gli è stato risposto che era impossibile. Non ha neanche potuto scambiare due parole con il giornalista che lo deve intervistare. Morto di paura e fatalista nello stesso tempo, Mika si mette le cuffie.

«Veniamo ora a un giovane artista la cui canzone è la gioia del web!»

Sentendo queste parole, Mika sorride. Pensa forse a Jonni, la sua mamma, che lo ascolta e che sicuramente condivide la sua paura? In ogni caso, risponde alle domande che gli vengono poste con una franchezza e uno humour rari. Chi è? Da dove viene? Calmo, con un grandissimo sorriso nella voce, Mika racconta il proprio percorso, lasciando intravedere per la prima volta al suo addetto stampa un altro dei suoi maggiori pregi: una irresistibile spontaneità. Per questa prima intervista, è un colpo da maestro sotto tutti gli aspetti.

La fine dell'anno sta arrivando. Le vie di Londra sono gradevolmente illuminate. A Mika piace percorrerle con il viso che brilla sotto le ghirlande di lucine. È felice, e a riempire il suo cuore di contentezza non è solo questo Natale passato tra le gioie della famiglia. Nel momento in cui il mondo intero entrerà nel nuovo anno, il suo sogno si starà realizzando! La Universal, infatti, ha deciso di cominciare il 2007 puntando su di lui. A partire dall'8 gennaio si potrà scaricare da iTunes il single *Grace Kelly*. Ed è subito un successo. Il pezzo è talmente venduto online che entra tra i Top 50 inglesi senza che una sola copia sia ancora disponibile nei negozi di dischi. Un fenomeno che incuriosisce i media in modo particolare. Mercoledì 17 gennaio 2007, quando Mika supera per la prima volta nella sua vita le porte della torre dei London Studios, nel South Bank, viene ricevuto come un ospite di rango. Che cosa prova, nel momento in cui una giovane donna lo accompagna a un camerino dove potrà depositare le sue cose e cambiarsi, se lo desidera, prima di passare al trucco? Ancora felicità, emozione, eccitazione? Oppure la sensazione di essere finalmente ricompensato di tutti i suoi sforzi e anche vendicato di tutto quello che ha dovuto subire nell'infanzia e nell'adolescenza, durante la scuola? Ah, se i suoi compagni potessero vederlo adesso, lui che deridevano perché era troppo grasso ed effeminato, lui che i professori consideravano un idiota! Certe volte gli piacerebbe ritrovarseli davanti, per poter dire loro che la differenza non è sinonimo di stupidità, come gli hanno fatto sentire tanto spesso e con tanta crudeltà. Ed è qualcosa che non vale solo per lui, non c'è dubbio.

La trasmissione che Mika deve registrare si intitola *The Friday Night Project*. È un programma trasmesso ogni settimana sull'emittente pubblica televisiva Channel 4. Dal 2005, grazie ai due conduttori Justin Lee Collins e Alan Carr, l'audience è altissima. Bisogna dire che i due fanno spettacolo come i loro invitati. Uno è un bel ragazzo, l'altro più cicciottello. Sono stati entrambi attori prima di diventare conduttori. Talvolta, poco disposti a lisciare il pelo a certe star, si mettono a fare sketch deliranti, e adorano far porre domande agli ospiti dal centinaio di spettatori seduti sulle gradinate. Insomma, è una trasmissione irrinunciabile per chi voglia arrivare a un pubblico giovane. Quindi è necessario che vi partecipi anche Mika. Il suo passaggio è previsto alla fine del programma: deve cantare *Grace Kelly*.

«Ed ecco a voi Mika!»

Alan Carr grida il suo nome indicandolo col dito. E il pubblico scopre un ragazzo sottilissimo dai riccioli bruni... sollevato insieme ai suoi musicisti su una piattaforma a cinque metri dal suolo. La T-shirt gialla aderente gli scopre la pancia sopra i pantaloni azzurri, aderenti anch'essi. Terribilmente sexy! Mika canta, mostra un'energia incredibile, ma non sorride. È forse questo il solo difetto della sua prima esibizione televisiva, che per il resto è riuscita molto bene.

La registrazione viene mandata in onda la sera del giorno dopo su Channel 4. Chi c'è davanti al televisore in quel momento? Tutti i Penniman, senz'altro, ma non solo loro. La prova? Qualche giorno più tardi, il 29 gennaio 2007, *Grace Kelly* è il single più venduto di tutti i tempi in Inghilterra. Quando l'album registrato qualche mese prima a Los Angeles, «Life in Cartoon Motion», esce finalmente in Europa il 5 febbraio 2007, Mika non ha più nessun motivo di preoccupazione.

Il grande film della sua carriera è appena cominciato.

9

QUANDO LA MACCHINA VA TROPPO SU DI GIRI

PRENDENDO Mika sotto l'egida della sua etichetta americana, la Universal forse non si era aspettata un successo così rapido. È da parecchio tempo che un artista non si guadagna il favore del pubblico così in fretta. Le classifiche parlano da sole. L'album è al primo posto delle vendite negli Stati Uniti. Da quando è uscito in Francia, il 22 febbraio, è passato dal dodicesimo al sesto posto, e si è assestato al secondo posto delle vendite su internet. Non lascerà i primi posti di tutte le classifiche per almeno tre settimane. Da un giorno all'altro Mika, respinto fino a poco tempo prima da tutti i produttori di Londra, che adesso si stanno senz'altro mordendo le dita, diventa l'idolo dei giovani europei. Una star, in una parola. La prova? La casa dei Penniman a Kensington, dove Mika continua a vivere, totalmente ignorata appena un anno prima, è assediata dai fotografi. Un grosso problema per la madre del giovane cantante. Si può immaginare la gioia che prova nel vedere che il figlio sta facendo grandi passi nel mondo musicale, ma si può capire anche come si ritrovi spaesata in tutto quel tumulto.

Ma è meglio avere paura del successo che essere infelici per il fallimento. Nel febbraio 2007 tutto va davvero bene per Mika. «Life in Cartoon Motion» fa furore in tutta Europa. E un tour dallo strano titolo di Dodgy Holiday, vacanza equivoca, è già previsto per l'estate. Dopo un 2006 ricco di emozioni, di registrazioni e anche di trasmissioni televisive, è tempo che il ventiquattrenne Mika faccia dei grandi concerti, come una vera rockstar. Ormai è certo che sta per entrare nel giro dei grandi nomi, sotto tutti gli aspetti.

Fino a questo momento non è stato troppo viziato. A parte i mezzi che la Casablanca Records ha messo a sua disposizione per la registrazione dell'album negli Stati Uniti, l'inizio della sua carriera è stata piuttosto in economia. Per il videoclip che accompagna il download del suo primo single non devono essere stati necessari più di mezza giornata di riprese e tre giorni di montaggio ed effetti speciali. Risultato, *Relax (Take It Easy)* dura tre minuti, orologio alla mano. Mika vi appare incastonato in una moltitudine di immagini psichedeliche

che ricordano l'universo creato da Yasmine Penniman, alias DaWack, per la copertina del disco. Ma ora la situazione è differente, a causa del successo sopravvenuto. I discografici mettono grandi mezzi al servizio di questo artista che, da parte sua, rimane impassibile davanti al suo incredibile successo.

Perché Mika non cambia. Certo, la sua casa è circondata da un'orda di giornalisti e di fotografi. Ormai gli è difficile uscire senza essere avvicinato da qualche fan. Quando arriva in un luogo pubblico, molte teste si girano verso di lui. Si sussurra quando passa: «Oh, hai visto? Credi che sia lui?» «Sì, è lui.» «Credi davvero?»... Il giovane cantante comincia anche a ricevere una gran quantità di posta da tutta l'Europa. Conversa tutti i giorni con i fan grazie a un blog molto ricco e molto frequentato. Stati d'animo, andate e ritorni, compleanni, Mika non nasconde niente, almeno in apparenza. I fan si dimostrano sempre più interessati ed entusiasti. Ma niente di tutto ciò gli fa girare la testa. È entrato a vele spiegate nell'universo che sognava dalla più tenera infanzia, quello della musica e della canzone, e intende approfittarne in pieno. La sola cosa che forse gli dispiace, mentre inizia la sua vita da star, è di non essere abbastanza spesso a casa.

Se lo desiderasse potrebbe senz'altro prendersi un

bell'appartamento: ormai ha i mezzi per farlo. Ma Mika non ha nessuna voglia di lasciare il guscio dove si trova così bene. Perché dovrebbe farlo, d'altronde? Dai Penniman, la vita in famiglia è delle più piacevoli. Jonni, da brava mamma libanese, cucina dei pasti deliziosi, dove i *mezze* si accostano ai dolci al miele e ad altre specialità orientali. «Da noi», dirà Mika al magazine domenicale *The Observer on Sunday* il 14 giugno 2009, «vi vedrete offrire del cibo meno di dieci minuti dopo essere arrivati!» I ragazzi Penniman, tutti tagliati sullo stesso modello (figura longilinea e folti capelli scuri), vanno e vengono a seconda dei loro impegni. Si ride. Si canta. Si discute a voce alta. Ci si diverte. In una parola, ci si vuole bene. Ciò nonostante, per avere un po' di indipendenza e di tranquillità, Mika sistema un piccolo appartamento solo per sé al pianterreno della casa di famiglia. Con grande dispiacere, non trova mai il tempo di starci un po' tranquillo, tanto la sua agenda è piena. È cominciata la preparazione dello spettacolo che porterà in tour dopo pochi mesi. La scelta delle canzoni e l'ordine in cui verranno presentate, la scenografia, i musicisti, i ballerini, la coreografia, la regia del suono, le luci, il merchandising legato allo spettacolo, senza dimenticare il manifesto... Mika vuole controllare tutto. Come sempre fin dal suo debutto, fa attenzione al sia pur minimo dettaglio. Tuttavia, ha sempre meno tempo per occuparsi della supervisione di ogni particolare. Il tour si avvicina e presto il giovane cantante dovrà riprendere l'aereo. Direzione, gli Stati Uniti.

Terrà là i primi concerti. Di fronte all'enorme successo europeo del suo nuovo talento, la Universal ha deciso di lanciarlo subito sul mercato americano. Una scommessa arrischiata? Forse, ma ancora una volta la vittoria sorride a Mika. I due single *Relax (Take It Easy)* e *Grace Kelly* hanno un enorme successo tra il pubblico statunitense. Nel marzo 2007 sarà il momento per «Life in Cartoon Motion» di uscire sul mercato americano, questa volta promosso dall'artista stesso.

A cinquantasei anni, con la sua corporatura atletica e i suoi capelli grigi, Jay Leno è il protagonista delle serate dell'emittente televisiva NBC. Il *Tonight Show*, che conduce dal 1992, è una delle trasmissioni di seconda fascia serale più seguite negli Stati Uniti. Con Larry King e Oprah Winfrey, Leno è una delle vere e proprie istituzioni del panorama televisivo nazionale. E ha invitato Mika! Impossibile, per gli addetti stampa, tralasciare una simile occasione promozionale. Lunedì

26 marzo 2007 a Burbank, California, Mika entra negli studi della NBC e scopre un nuovo universo: le riprese di una trasmissione televisiva americana. Come per una soap opera, le registrazioni si fanno alla presenza del pubblico. Lo scopo non è quello di riprendere delle persone sedute mentre applaudono, ma di ottenere dal vivo una reazione degli spettatori a una sequenza di battute o a una risposta. Si dice che certi dialoghi e certe sceneggiature vengano modificati in funzione delle reazioni negative del pubblico presente in sala.

Mika, che è stato accolto molto prima dell'inizio della trasmissione, scopre sotto la guida degli assistenti del *Tonight Show* il luogo dove si esibirà. Entra in un enorme hangar dove il pubblico seduto sulle gradinate ha la possibilità di guardare in due direzioni diverse, come se si trovasse di fronte a due palcoscenici teatrali. A destra, una pedana sulla quale stanno la scrivania di Jay Leno, il divano dove si siederà l'ospite e l'immancabile panorama notturno di Los Angeles che fa da sfondo. A sinistra, il palco dove si esibiscono i musicisti. Mika avrà a disposizione, oltre al microfono, una batteria, una tastiera e due chitarre. Quella sera, tra gli invitati di Jay Leno c'è il grande Quentin Tarantino. Un onore per Mika, che lo ammira molto.

«Tra poco tocca a lei.»

Finalmente! Mika, che aspetta nel camerino da ore (perlomeno è questa la sua impressione), si alza di scatto. Ha guardato in diretta l'inizio del programma, sul monitor messo a sua disposizione. Ma era ora che lo chiamassero. Lo show è quasi terminato, e lui si sente un po' come l'ultima ruota del carro. Inoltre, quando entra nello studio, sente Leno che presenta il suo album senza molto entusiasmo. Tanto peggio. Mika farà sensazione lo stesso!

Quando la tenda si apre al suono dei nutriti applausi di un pubblico molto caloroso, il giovane cantante appare in una tenuta immacolata. Dalle prime note di *Grace Kelly*, si mette a saltare e a ballare con la solita energia e mostra le sue incomparabili qualità vocali. Ai suoi fianchi, i due chitarristi portano maschere di animali dei cartoni animati. Un modo di introdurre l'universo molto infantile del prossimo tour internazionale...

Il *Tonight Show* non è l'unica trasmissione alla quale Mika partecipa: le settimane si susseguono e con loro le occasioni promozionali. E ogni volta lui appare sempre altrettanto fresco, entusiasta, perfino candido, tanto è sorridente e di buon umore. Non c'è niente che gli faccia perdere la pazienza. Niente che lo irriti. Almeno a quanto sembra. Arriva in orario, aspetta in camerino fino a quando è il suo momento, poi si esibisce in modo impeccabile. Un professionista dai modi di bambino, che fa la felicità dei conduttori per la sua simpatia. Certi si domandano forse che cosa nasconda sotto quella maschera un po' troppo serena, ma nessuno osa chiederlo. Giorno dopo giorno, Mika segue un cammino che sembra lastricato di successi. Gli restano solo due mesi prima dell'inizio del tour. Tra un'intervista e l'altra, continua a provare senza sosta. Poi, dopo una partecipazione molto seguita a *So You Think You Can Dance*, una trasmissione della Fox che ha un grandissimo successo tra i giovani americani (è una sorta di *Star Academy* della danza), il sipario si alza infine sul suo spettacolo! Mika può essere fiero dei suoi sforzi. E della sua famiglia. Perché lui canta e balla, ma lo fa in una scenografia creata da sua sorella Yasmine e con i costumi che Paloma, un'altra sorella, ha confezionato amorosamente con l'aiuto della madre. Ancora un modo per non lasciare quell'ambiente famigliare che gli è così caro...

30 giugno 2007. Nonostante la pioggia che sta per cadere, davanti all'Olympia, la leggendaria sala parigina di music-hall, la coda è lunghissima. Sono

più di millecinquecento le persone in fila. Hanno in media dai dodici ai trentacinque anni e sono tutti fan di Mika. Sventolano il biglietto d'ingresso, prezioso lasciapassare acquistato mesi prima, oppure all'ultimo momento e a peso d'oro, che permetterà loro di vedere per la prima volta il loro idolo in concerto. Un avvenimento che non avrebbero perso per niente al mondo, da tanto hanno ballato sulle note dell'album del giovane inglese.

Nello stesso momento Mika, assapora il suo trionfo. In meno di un'ora si esibirà in questa sala dove hanno cantato i più grandi, da Jacques Brel a Édith Piaf. Lui conosce la reputazione dell'Olympia, il più antico music-hall francese. Leggenda vuole che di notte si sentano ancora risuonare i passi degli artisti che vi si sono esibiti. La cosa più sconcertante, per Mika, è sapere che pochi di loro hanno avuto la fortuna di prodursi su questa scena già al loro primo disco. Ma lui sì! Allora incrocia le dita e spera di mostrarsi all'altezza. Come sempre, in lui la ricerca della perfezione è più forte del panico da palcoscenico.

Qualche battuta di musica. Nella sala, l'impazienza arriva al parossismo. Alla fine il sipario si apre lasciando apparire un teatrino di marionette. Sullo sfondo, il viso di un clown. Da una parte e dall'altra, decorazioni luminose come ai bordi di una pista da circo. L'universo scelto da Mika è quello degli spettacoli per bambini. Subito, come ombre cinesi, appaiono dei grossi animali di peluche che si mettono a danzare. E se le ombre di due coniglietti non si lasciassero prendere tutt'a un tratto dalla frenesia sessuale, si potrebbe credere al ritono sulle scene di Chantal Goya! Mika, travestito anche lui, caccia subito con un fucile i terribili coniglietti. Molti, tra i più giovani spettatori presenti in sala, non hanno mai sentito parlare di Chantal Goya. Per il resto del pubblico, l'ammiccamento è comprensibile e divertente. L'ex cantante per bambini non è forse diventata, di recente, la star dei locali notturni gay di Parigi? Presto le canzoni si susseguono con una dinamicità incredibile. Mika è sempre in movimento. Balla, salta, dondola... e quando non canta percorre la scena a rapidi passi. Come lui, lo show va a cento all'ora e non lascia neanche un minuto di respiro. Clown e acrobati appaiono e scompaiono, Mika cambia costume continuamente. A volte si traveste, poi ritorna fasciato in pantaloni scintillanti, poi in un vestito più rigoroso, più moderno, ma sempre sorprendente. Luci, effetti speciali, musica, e questo ragazzo alto che salta, microfono in mano... Il pubblico esulta, soprattutto quando interpreta *Love Today*, un concentrato di gioia e di brio di cui Mika ama ricordare la genesi. Lo fa con *The Sun*, nell'intervista già citata: «Quando l'ho scritta ero molto felice, e quando sono di questo umore spero sempre che lo siano anche tutti gli altri. Cerchiamo tutti la stessa cosa: amare qualcuno ed essere amati da lui. *Love Today* cattura il sentimento di euforia che si sente quando l'amore è in cammino».

Un'enorme ovazione. Mika ha cantato l'ultima frase di *Love Today*. Prosegue immediatamente con *Big Girl (You Are Beautiful)*, canzone riguardo alla quale dice che è la sua preferita in concerto; forse perché trova una risonanza molto speciale nel pubblico femminile? In seguito viene qualche cover, come *Sweet Dreams* degli Eurythmics, e infine la frizzante *Lollipop*. Nel momento in cui risuonano le prime note della canzone, salgono sulla scena diverse *lollipop girls* in abito a quadrettini rosa, stile *Baby Doll*, con lecca lecca in bocca e parrucca bionda glamour. Nello stesso momento cadono dei palloncini, lanciati verso un pubblico ebbro di gioia che, a forza di chiamate, fa vibrare le mura dell'Olympia...

Ecco, è finita. Il pubblico è uscito e si sparpaglia lentamente sul boulevard des Capucines. Mika è felice. Questa per lui è stata una serata eccezionale. Ma non lo saranno tutte, da ora in poi? Per più di un anno andrà a incontrare il suo pubblico in tutta Europa: i suoi fan che, per essergli più vicini e fargli capire che condividono pienamente i suoi «deliri», arriveranno certe volte ai concerti travestiti da lollipop o da coniglietto...

Al di là dell'aneddotica divertente, una cosa è ormai indiscutibile: Mika ha dimostrato e dimostrerà ancora che è un artista completo, dotato di un reale senso della musica, della festa e della scena. E non ha ancora compiuto venticinque anni! Sarà ricompensato di sicuro dall'amore del pubblico, ma anche da molti premi importanti.

10
L'ELEGANZA DEL CLOWN

Il 26 gennaio 2008, come numerose altre star della musica internazionale, Mika è a Cannes. Avrà avuto il tempo di andare anche solo a vedere il mare, dopo il suo arrivo? Non è detto. Sotto un cielo senza colore e senza calore, si prepara a salire i celebri gradini del Palais des Festivals, come faranno le star del cinema qualche mese dopo. Vestito con una giacca rossa molto ricercata che sembra gli sia stata cucita addosso, arriva da solo, sorridendo alle acclamazioni isteriche dei fan locali. Si presta con gentilezza a firmare autografi, prima di raggiungere la sala dove quella sera saranno assegnati gli NRJ Music Awards. Una cerimonia importante, giunta alla nona edizione, che premia musicisti famosi di diversi generi. Ogni anno questa serata apre il famoso MIDEM, il Mercato internazionale del disco e dell'editoria musicale, sempre molto atteso dall'industria discografica.

La premiazione è trasmessa in diretta sul canale televisivo francese TF1, alle 20.50. In attesa dell'inizio della trasmissione, nella sala le celebrità francesi e straniere si salutano. Dietro le quinte l'atmosfera è effervescente. Poi le star si susseguono sul palco ricevendo i rispettivi premi, finché il conduttore Benjamin Castaldi annuncia: «Pop music in technicolor dalle virtù allucinogene: Mika è in concorso stasera... ma resta in relax. Ecco Mika, *Relax*!»

La telecamera sul suo supporto girevole ha appena il tempo di orientarsi verso il palcoscenico. Si sentono già le prime note della canzone. Sullo schermo gigante compaiono i disegni di Yasmine Penniman, così pieni di colore. Mika è proprio davanti, di spalle, il braccio sinistro alzato, vestito con una giacca nera sui pantaloni bianchi. In un colpo solo si mette a cantare, con quella voce acuta che sbalordisce per la perfetta intonazione, e a ballare con il suo brio abituale. Gli bastano pochi secondi per conquistare una sala che è abituata, peraltro, alle esibizioni di artisti di grande esperienza. Il pubblico vibra all'unisono con il giovane cantante, che fa uno show in diretta da consumato professionista. Sembra incredibile, ma i maggiori responsabili dell'industria discografica e dei media si alzano per ballare battendo le mani. Quanto a Mika, continua a cantare senza dare l'impressione di preoccuparsi per l'esito della serata. Dopo tutto, il premio più grande non è proprio quello di stare in scena? Un po' più tardi, il ragazzone di un metro e novantadue ha l'incarico di consegnare una statuetta alla minuscola (in quanto ad altezza) Kylie Minogue. Anche in quel caso è a suo agio, si mostra perfetto nel ruolo. Poi, sotto un uragano di applausi, la bella e felina Rihanna arriva a sua volta sottobraccio con il grande Johnny Hallyday, grande star della canzone francese. Devono consegnare il premio alla rivelazione dell'anno: un riconoscimento deciso dai voti che il pubblico ha assegnato su internet prima della cerimonia. Hallyday fa lievitare la suspense mentre Rihanna apre la busta.

«'Rivelazione internazionale 2008'», annuncia Johnny Hallyday. «*The winner is...*»

«Mika!» grida lei.

Dalla platea, Mika si alza con un gran sorriso sulle labbra e si dirige verso il palco. Sembra che cammini al rallentatore, stringe le mani che si tendono verso di lui, arriva finalmente al microfono e, invece di sistemarlo alla sua altezza, si china. Mentre comincia il discorso di ringraziamento, in sala delle ragazze in lunghi vestiti neri gridano il suo nome, applaudendo piene di gioia: «Mika, Mika, Mika...»

«Ringrazio tutti coloro che hanno votato per me e tutti i miei fan francesi. Quello che mi è successo nel 2007 è stato davvero incredibile. Vi ringrazio tutti. È un sogno!»

Visibilmente commosso, brandisce il suo trofeo e sorride al pubblico. Poi, lascia il palcoscenico e va dietro le quinte dove c'è già un giornalista ad aspettarlo. Nonostante l'emozione e la stanchezza, Mika gli dice gentilmente: «Ripenso a tutto quello che è successo in Francia per me nel 2007. È stata la realizzazione dei miei sogni di quando ero bambino. Sono assolutamente felice. È stato il pubblico a votare, non i discografici né i critici e nemmeno la stampa. Quelli che mi hanno votato sono miei fan. E per me è molto importante».

Il giornalista lo ringrazia. Ma non si ferma lì. «Ci sono voci su un prossimo album che pare lei stia scrivendo. Sono fondate?» domanda.

«Io scrivo sempre. Lavoro costantemente su nuove canzoni, su nuovi suoni. Devo evolvermi. Se si è artisti e non ci si evolve, non vale la pena di andare avanti. Ma nello stesso tempo ci dev'essere della magia, come nel mio primo album.»

Ma Mika, anche se non dorme molto, riesce di rado a scrivere. Come l'anno prima, infatti, le sue giornate sono pienissime di impegni. Prima di tutto, il giovane cantante va di premiazione in premiazione. Qualche giorno prima degli NRJ Music Awards di Cannes, il 20 gennaio 2008, è stato eletto «Rivelazione britannica» ai Brit Awards. In seguito, la sera del 22 maggio, alla Grosvenor House di Londra riceve un Ivor Novello Award per la sua canzone *Grace Kelly*. Il 1° giugno, negli Stati Uniti, gli viene conferito un MTV Gold Award per *Relax (Take It Easy)* e la società di telefonia mobile francese SFR gli assegna un Mobile d'or. Riconoscimenti pienamente meritati, che si aggiungono ai quattro premi ricevuti alla fine del 2007. E se per caso Mika ha una serata libera, dà un concerto... È ben lontano il tempo in cui si esibiva in sale quasi vuote. Ormai il pubblico accorre. Ma accade ugualmente, a volte, che le cose si facciano difficili.

Salt Lake City, febbraio 2008. Mika e i suoi musicisti sono appena atterrati nella capitale dello Utah. Raggiungono l'albergo spossati per il volo, che è stato piuttosto difficile a causa delle condizioni meteorologiche. Una bruttissima notizia li aspetta all'arrivo: tutto il loro materiale è rimasto bloccato nel Colorado per colpa di una grossa tempesta di neve. Come faranno a dare il concerto senza luci, senza scene, senza strumenti, senza effetti sonori? In queste condizioni chiunque avrebbe annullato la serata. Chiunque? Non Mika. Dopo averne lungamente parlato con il suo gruppo, che è piuttosto contrario, decide di cantare lo stesso. E offre a tutte le persone che hanno acquistato il biglietto di essere rimborsate, o di venire ad assistere a un concerto acustico a prezzo ridotto. Mika annuncia questo concerto eccezionale su tutte le radio della zona, precisando comunque che, senza l'allestimento abituale del suo spettacolo, il concerto di Salt Lake City durerà quarantacinque minuti invece dell'ora e mezza prevista. Lui sarà sul palcoscenico, al pianoforte, con i suoi musicisti. Una sfida che si sente in grado di vincere! C'è una sola cosa che lo infastidisce: cantare senza scenografia. Ma rimarrà davvero senza? Si informa e scopre di poter andare a prendere degli oggetti di cartapesta in un deposito vicino. Detto fatto, il gruppo trova e porta via qualche tesoro: una testa di scimmia, un pugno alzato, una poltrona, candelabri e lampadari di cristallo, stoffe di diversi colori; in breve, di che realizzare una scenografia di fortuna, ma molto «Mika». Il tutto in un'ora e mezza. Resta da sostenere la sfida. Questa sera non ci saranno gli effetti speciali, lo schermo gigante, i fumogeni e le *paillettes*... In ogni caso, Mika è ben determinato a dare il concerto. Dietro le quinte, prima di entrare nella scena improvvisata, il giovane cantante non sa come potrà andare la serata, ma non si è «sentito così vivo da settimane». A vederlo così pieno di gioia e di allegria, tutti gli credono sulla parola. Resta un'incognita. La sala, stasera, sarà piena o vuota? Le ore che separano Mika dal concerto sono lunghe. E lo staff dell'artista passa dall'euforia all'angoscia molte volte, fino al momento in cui si vedono finalmente i primi spettatori prendere posto.

Perché i fan sono lì, ben decisi a non perdere il passaggio del loro idolo nella zona, che ci siano gli effetti sonori o meno! Il palcoscenico è piccolo e i fan possono toccare Mika quando, vestito con pantaloni blu aderenti, camicia bianca e cravatta blu, entra in scena tra le loro grida. C'è solo un microfono come attrezzatura per il suono e, come luci, dei festoni di lampadine elettriche. Ma quando Mika intona *Grace Kelly* la magia funziona, anche se non lo si sente tanto bene in fondo alla sala...

Ci si può immaginare come, dopo questo concerto improvvisato, tutto il gruppo che lavora con Mika si senta euforico e vada a festeggiare degnamente l'avvenimento. Ma si può pensare anche che l'atmosfera resti tesa, nonostante tutto, e che l'impiego di tanta energia in questa serata «diversa» abbia affaticato l'artista e i musicisti. Tuttavia non è questione di tirarsi indietro, perché il tour di Mika Penniman è ben lontano dalla conclusione.

Manca poco ormai al 4 luglio, quando ricorre la festa nazionale degli Stati Uniti, e Mika canterà al Parc des Princes, lo stadio parigino, davanti a cinquantamila persone. È stata Virgin Radio (un tempo Europe 2) a proporgli questo concerto unico ed eccezionale, sull'onda della sua recente fama. Un'opportunità, certamente, ma anche e soprattutto un impegno difficile che Mika ha accettato un po' controvoglia. Con il professionismo e la ricerca della perfezione che lo contraddistinguono, due giorni prima del concerto arriverà a confessare, alla radio che l'ha organizzato, quanta preoccupazione quella proposta gli abbia procurato.

«Quando mi è stato detto che avrei tenuto un concerto al Parc des Princes, mi sono spaventato. Cinquantamila persone sono un pubblico enorme. Mi sono detto: Dio mio, che cosa sto per fare? Sono nel mezzo della creazione del mio secondo album, dovrò cantare i pezzi del primo! Poi ho riflettuto. E mi sono detto: Ok, lo faccio. Darò me stesso fino in fondo. E ho investito anche sul piano economico! Vi assicuro che ho speso molto denaro. Mi sono circondato di un'équipe fantastica per la scenografia, i costumi, le luci, le immagini, i video. Quello a cui assisterete sarà un mix del mio prossimo album e delle mie ultime esibizioni, riproposte in versione molto migliorata.»

È pieno di grinta, Mika. Tuttavia, dietro alla sicurezza e al sorriso che gli sono abituali, si capisce bene che è cosciente di quello che sta per affrontare. Dal concerto acustico totalmente spartano di Salt Lake City, è un salto enorme quello fino al grande spettacolo del Parc des Princes. Qui si sono esibiti i più grandi nomi della scena internazionale. Una settimana prima di Mika, quel vecchio globetrotter di Bruce Springsteen ha tenuto qui un concerto. Il giovane cantante deve dimostrarsi all'altezza dei suoi illustri predecessori. E per questo deve colpire forte! Per cominciare, spazio a ciò che si vede. Mika esige che un enorme scenario occupi tutto il fondo del palco. Poi rivede interamente la scelta delle canzoni e l'ordine nel quale le interpreterà. Forse includerà uno o due nuovi pezzi dell'album non ancora finito, visto che nonostante tutto, e a dispetto del suo estenuante ruolino di marcia, è riuscito a comporne qualcuno. In ogni caso, dietro di sé vuole un gran numero di ballerini e musicisti. Insomma, c'è molto da fare.

Mentre Mika si fa in quattro perché tutto sia perfetto fino al minimo dettaglio, le sue sorelle Paloma e Zuleika e sua madre Jonni si battono, da parte loro, con... l'ambasciata cinese. Zuleika, che studia a Pechino in una scuola per stilisti, ha realizzato per lo spettacolo del fratello un enorme drago. Ci ha lavorato giorno e notte, trascurando perfino gli studi. Il risultato è perfetto, ma purtroppo la dogana cinese rifiuta di far passare l'enorme pacco. Email, telefonate, lettere, niente riesce a sbloccare la situazione. E, visto che il tempo passa senza risultati, le tre donne finiscono per rinunciare. Ma non si può contrariare Mika, che al suo drago ci tiene. E allora vanno a cercarne un altro a Chinatown, il quartiere cinese di Londra. Un giorno, forse, Zuleika potrà recuperare il suo...

Si chiama Christophe e per nulla al mondo perderebbe il concerto del suo idolo al Parc des Princes. Si è mosso molto presto per comprare uno dei biglietti disponibili: nonostante il prezzo, da 45 a 83,80 euro, si sono venduti come il pane. In questo venerdì 4 luglio, Christophe arriva molto presto allo stadio in compagnia dei suoi amici. Vogliono assolutamente assicurarsi dei buoni posti. Il tempo non è né bello né brutto, giusto un cielo pallido senza troppo caldo, una temperatura ideale per chi deve aspettare per lunghe ore. Per ingannare la noia, tutti ovviamente parlano di Mika. L'hanno tutti sentito su Virgin Radio, due giorni prima, in diretta dai locali del Parc des Princes. Le ragazze confessano di perdere la testa quando parla in francese con il suo leggero accento britannico. Perfino i suoi piccoli errori di sintassi le inteneriscono. Da un minuto all'altro, la folla continua a crescere, ancora e ancora. E alla fine, appena un anno e mezzo dopo l'uscita del primo album di Mika, sono ben cinquantamila le persone che aspettano pazientemente, sotto i pilastri di cemento, di essere autorizzate ad accedere allo stadio dove canterà. Certi fan sono già stati a Bercy l'anno prima. Alcuni hanno assistito a uno dei suoi concerti in provincia, altri in Inghilterra. Tutti sono uniti nella stessa ammirazione. Ogni tanto si arrischiano a cantare *Grace Kelly*, *Relax* o *Love Today*, impresa difficile per una voce normale, come si può immaginare. Molti hanno portato un travestimento o si sono messi una T-shirt con l'immagine del cantante. E nessuno ha dimenticato la macchina fotografica o il cellulare per filmare questo concerto che promette di essere incredibile. Appena i cancelli vengono aperti, bisogna correre per piazzarsi vicino al palcoscenico. Alcuni hanno preferito comprare dei posti a sedere nelle tribune. Ma, ovunque ci si trovi, prima di assistere all'entrata in scena di Mika bisogna aspettare ancora molto. Come accade spesso, la prima parte del programma comincia con altri artisti. Il cantante e Virgin Radio ne hanno scelti tre: Yelle, che a Mika piace tantissimo, Dionysos e Panic! At the Disco. Mentre si esibiscono, gli strumenti musicali pronti per il protagonista della serata sono protetti da custodie scure, mentre tendoni neri ricoprono la scenografia ideata da Mika, che ha svelato solo qualche indizio, due giorni prima in radio: «I colori saranno molto intensi perché il mio stile è così. Ho messo insieme alcune cose: dei clown e la tristezza elegante di personaggi come Marcel Marceau».

Colori intensi? Clown? Tristezza elegante? I giovani spettatori si domandano che cosa queste parole preannuncino in concreto. La prima parte dello spettacolo è già finita da un bel po'. La folla bisbiglia, sempre più impaziente... quando a un tratto sono proprio dei clown, dei giocolieri e degli acrobati a invadere la scena. La luce danza. Un pagliaccio prende il volo con un ombrello in mano. Un rumore fa tremare il pubblico: sarà Mika? A poco a poco, la scena appare. Un enorme viso da clown giallo, con gli occhi e il naso animati, domina il palcoscenico. È dalla sua immensa bocca che prende il via lo spettacolo. Dalle orecchie, due schermi giganti ritrasmettono le immagini per gli spettatori più lontani. È circo e carnevale insieme. Un mondo a parte, allegro e pieno di festa, che il giorno prima il cantante, in un servizio per il telegiornale di France 2, ha detto di amare in modo particolare: «Sono i difetti dei clown che ci attirano. È una cosa un po' deprimente, ma c'è della gioia nella loro tristezza».

Che si sia filosofi o meno, l'atmosfera fiabesca dello show si accentua a mano a mano che scende la notte. È grande spettacolo! Mika, lui, è sempre se stesso: scattante e infaticabile. Interpreta una hit dietro l'altra, le sue e le cover, senza mai perdere fiato. Di fronte a lui, cinquantamila persone cantano e gli offrono amore. Ha mai sperato in una tale felicità, anche nei suoi sogni più estremi? Si rende conto di essere un fenomeno raro nel mondo della musica? Non ha senz'altro il tempo di porsi queste domande. In scena si gode ogni grande momento che questo concerto eccezionale gli offre. Da *Love Today* a *Lollipop*, passando per *Big Girl*. Poi prova a eseguire *Rain*, una canzone che spera di inserire nel prossimo album. Un successo, un altro. Il pubblico è entusiasta. Non vuole che smetta. Quando i palloncini e le *paillettes* colorate di *Lollipop* scendono sullo stadio come gran finale, nessuno vuole che il piccolo principe inglese vada via. Allora Mika ritorna con una sorpresa.

«Aspettate, proverò a fare qualcosa che non ho mai fatto», dice sedendosi un'ultima volta alla tastiera del suo pianoforte bianco Yamaha.

Mika avvicina il leggio. Sarà per vedere meglio uno spartito?

«Voglio provare a cantarvi *Grace Kelly* in francese!» annuncia.

Un'acclamazione esplode dalle decine di migliaia di spettatori e si mescola alle prime note della hit. Mika canta in francese, per i fan del Paese della sua infanzia. Le parole volano via. I cinquantamila presenti sono commossi e riprendono con lui il ritornello... in inglese!

11
IL FIGLIO DI QUESTA TERRA

«SALVE, sono Mika! Sono con Dorian dietro le quinte del festival delle Francofolies. Dorian ha scritto le parole di *Grace Kelly* in francese...»

Nel retro di un furgone, Mika sta registrando un breve video destinato al suo blog. Dopo una partecipazione al festival di Aix-les-Bains e un concerto fantastico tenuto il 14 luglio al velodromo di Arcachon, il cantante prosegue il suo Dodgy Holiday a La Rochelle. Ha promesso ai suoi fan di condividere con loro tutte le sue avventure, perlomeno quelle professionali, attraverso le immagini. Allora, quando ne ha la possibilità, ci si impegna. Preparazione di concerti, impressioni riportate in palcoscenico, incontri con diverse persone, emozioni varie, tutti i soggetti vengono abbordati con, ovviamente, il leggendario buonumore di Mika. Oggi ha deciso di recitare il mea culpa, perché crede di aver cantato la versione in francese di *Grace Kelly*, al Parc des Princes e a Aix-les-Bains, con una pronuncia disastrosa.

«Dicevo: '*Un regard* dégeu, *un regard* milieu'. È scorretto!» esclama davanti alla piccola videocamera che lo sta riprendendo accanto a Dorian.

«Sì», gli risponde quest'ultimo, «per dire: 'Uno sguardo disgustoso, uno sguardo sdolcinato' le parole sono: '*un regard dégueu*, *un regard mielleux*'. Ma se per te è troppo difficile, posso cambiarle.»

«No, ci riuscirò!» risponde Mika. Poi, lo sguardo fisso sull'obiettivo della videocamera, aggiunge: «Sono un asino!»

Questa piccola scena di vita quotidiana farà la delizia di migliaia di fan che sul blog, di giorno e di notte, non perdono una briciola di quello che dice e fa il loro idolo.

16 luglio 2008. Un grande sole brilla su La Rochelle. E, una volta tanto, Mika ha davanti a sé un'intera giornata di libertà. Un avvenimento, nel vortice della sua esistenza! Certo, potrebbe mettersi a scrivere. Ma oggi stranamente non ne ha voglia. Quello che vuole è approfittare del bel tempo e dello splendido oceano, come fanno tutti. Allora, in via del tutto eccezionale, decide di regalarsi una giornata a bordo di un catama-

rano con la sua équipe. Festeggeranno lì come si deve il compleanno del chitarrista. Secondo il suo blog, sul quale Mika si confida, è stata un'idea fantastica. «La vita non è mai stata così bella», scrive infatti. Che non dispiaccia alla celebre skipper Ellen MacArthur, ma Mika è forse l'unico altro inglese ad amare le onde? In ogni caso, la parentesi si chiude molto presto. Il giorno successivo, 27 luglio, Mika deve infatti cantare molti dei suoi pezzi davanti a ottomila persone, e in un contesto non ordinario, dato che si tratta del festival musicale creato su iniziativa dell'attore e conduttore radiofonico Jean-Louis Foulquier, nativo proprio di La Rochelle: le Francofolies. L'avvenimento, ampiamente coperto dai media, è importante per la regione, per tutti gli abitanti della zona e naturalmente per gli artisti che vi partecipano. Di regola, però, i cantanti devono essere francofoni e certi puristi pensano che questo non sia il caso di Mika, che, ricordiamolo, finora in Francia ha cantato tutti i suoi pezzi in inglese con l'eccezione di *Grace Kelly*. Sotto il fuoco incrociato delle critiche, lui si sente in dovere di giustificarsi, sempre sul blog.

«Sono nato a Beirut e ho abitato a Parigi per nove anni», fa sapere. «La mia prima lingua è stata il francese, più che l'inglese. Quindi mi sento molto bene qui. È un onore per me essere stato invitato. Non sono qui per questioni politiche, sono qui per cantare ed è questo che farò. Parlerò in francese e canterò in francese. Ecco!»

Ma prima Mika deve provare *Les Champs-Élysées* di Joe Dassin, titolo che interpreterà quella sera su richiesta degli organizzatori. Provare, ma dove? Dietro le quinte del festival? Impossibile. Troppa gente, troppo rumore, troppo va e vieni. Nel furgone dove ha realizzato il breve video destinato al suo blog? Impossibile anche lì. È troppo stretto. Resta un'unica soluzione: deve correre al suo albergo, nella bella cittadina di Saint-Martin-de-Ré, sull'isola di Ré che sta di fronte a La Rochelle, e installare in camera uno studio di fortuna. Il problema è che gli resta soltanto un'ora prima di andare a cambiarsi e a truccarsi. Mika non ha più il tempo di ammirare il tramonto sul braccio di mare che separa La Rochelle dall'isola di Ré. Si precipita, insieme con il suo gruppo. Appena arrivato in camera, organizza in fretta un piccolo studio. Un sintetizzatore è appoggiato su un cassettone Luigi XV. Uno dei musicisti estrae un trombone dalla custodia. Sul divano della suite riservata all'artista, tre vocalist si mettono a loro agio. Mika, in piedi davanti al camino accanto a Dorian, è pronto a cominciare la prova rimediata in tutta fretta.

L'insieme è gradevole all'ascolto. Le parole sono fluide. Mika non le storpia. Anzi, il suo leggero accento inglese conferisce loro un fascino indefinibile. Ok per la serata e tanto meglio per i vicini di stanza, che devono essere ben contenti che una sola prova sia bastata. In ogni modo, è troppo tardi. Bisogna già ripartire, non porsi domande. Giusto il tempo di riprendere le varie cose e attraversare di nuovo il ponte sempre intasato di macchine che unisce l'isola a La Rochelle, e Mika si ritrova in scena ancora una volta. Con un vestito bianco e blu a righe verticali su una maglia alla marinara a righe orizzontali, la bombetta in testa, davanti all'accoglienza eccezionale del pubblico Mika dimentica tutte le polemiche. *Les Champs-Élysées* sono un trionfo. Poi, lì all'aria aperta, il giovane cantante intona *Relax* e migliaia di persone cantano il ritornello con lui.

Il giorno dopo il tempo è sempre bello, a La Rochelle. L'oceano, di un blu intenso, invita a fare il bagno. Mika invece prepara le valigie. La vita da artista che conduce gli permette sì di percorrere il mondo, ma non gli dà mai l'occasione di approfittarne. Prossima destinazione, la Spagna. Poi tornerà in Francia, a Nîmes.

Ciascuno ha le sue piccole civetterie: un taglio di capelli all'ultima moda, la tinta o le *mèches* multicolori, le unghie smaltate di colori differenti, tacchi altissimi... Niente di tutto questo per Mika. Quello che piace a lui sono le scarpe. Di cuoio pregiato, morbidissime, tenute con cura, soprattutto, perfettamente adatte ai suoi piedi. Il suo numero non lo conosce quasi nessuno, tranne il grande creatore di calzature Christian Louboutin. Lo stilista francese pieno di talento e coccolato dai media e Mika sono diventati amici quando Louboutin ha confezionato al cantante una collezione di scarpe su misura. Delle Converse nei colori di DaWack e nei materiali più in voga. Un successo. Louboutin stesso confessa di avergli suggerito un'astuzia che tutti i grandi ballerini conoscono, per combattere il mal di piedi quando sono in scena: mettere una fetta di carne di vitello contro le dita! Mika avrà utilizzato questo trucco prima di entrare nel maestoso anfiteatro di Nîmes? In ogni caso, Christian Louboutin è seduto sulle gradinate di pietra e non perde neanche un minuto del concerto del suo nuovo amico. Dopo qualche mese, consegnerà a Mika le scarpe che il re del pop, Michael Jackson, avrebbe dovuto portare nei suoi ultimi concerti. Ma non siamo ancora arrivati a quel momento. In questa estate del 2008, Mika parte per la Svizzera. Poi, fermando la sua corsa, esaltante e spossante insieme, vola verso il Medio Oriente, dove trascina com'è sua abitudine una parte della famiglia.

Ci sono, certo, Yasmine, Paloma e Jonni, ma anche Fortuné, il fratellino che ha cantato negli accompagnamenti vocali di *Lollipop*, oltre a cugini, cugine e al figlioccio di Mika. Con loro, eccolo in Giordania, sulle rive del Mar Morto. Un mare? In realtà è un lago. Ma talmente salato che, a quanto pare, si può galleggiare senza difficoltà sulle sue acque blu. Come gli altri turisti, Mika si mette in costume prima di entrarci, sorpreso dalla sua viscosità. Si direbbe quasi che l'acqua sia solida, tanto è densa. Perlomeno, grazie alla salinità venti volte superiore a quella dell'oceano, Mika non rischia di camminare su un crostaceo, di sfiorare un'alga o, peggio, una medusa, tutte cose che detesta. Questo «mare», come indica il suo nome, è morto: nessun animale, se si eccettuano certi microrganismi, potrebbe sopravvivere nelle sue acque per più di qualche minuto. Un passo dopo l'altro, Mika avanza, la pelle che pizzica per il sale. Poi fa per sedersi, e funziona! Galleggia e constata che le sue braccia sono già coperte da lunghe tracce bianche: il sale si è depositato, dopo l'evaporazione dell'acqua. Non gli resta altro che uscire e andare a risciacquarsi con cura, prima di divertirsi a coprire tutto il corpo con il fango del posto, che si ritiene possa curare la psoriasi e i reumatismi. A qualche centinaio di metri c'è una limousine che attende lui e i suoi parenti. Un po' più in là, dei beduini tentano di vendere degli oggetti ai turisti. Una scena apparentemente banale. Ma per Mika, che da due anni non fa altro che uscire da uno studio di registrazione per entrare in una sala da concerti, ha un meraviglioso profumo di vacanza. Purtroppo, il riposo non sarà molto lungo. Tra due giorni dovrà tenere il concerto più difficile, senza dubbio, della sua carriera.

Domenica 27 luglio 2008. Mika, Yasmine e Jonni Penniman arrivano a Beirut, la città che li ha visti nascere. Si può immaginare la loro emozione quando ne percorrono le vie. Da quando sono partiti precipitosamente, la città è talmente cambiata! Quando l'hanno lasciata era solo un ammasso di rovine nel quale risuonava giorno e notte l'allarme delle sirene. Nel 2008 la vedono ricostruita, almeno parzialmente. Il concerto che Mika doveva tenere qualche mese prima è stato annullato, per le conseguenze del conflitto di Nahr el-Bared e della guerra tra Hezbollah e Israele. Ma adesso avrà luogo nella celebre piazza dei Martiri, chiamata così in ricordo dei nazionalisti libanesi impiccati dagli ottomani nel maggio del 1916.

All'idea di questo spettacolo, Mika è pieno di gioia e di orgoglio. È da tanto tempo che attende questo momento e la sua delusione è stata tanto crudele, quando ha dovuto rinunciare a esibirsi davanti a coloro che considera i suoi compatrioti! Anche se è cresciuto in Francia e in Inghilterra, anche se sono nel suo cuore gli Stati Uniti, Mika si sente profondamente libanese. Ed è questo che afferma con forza durante la conferenza stampa che precede lo spettacolo. «Quando nelle vene si ha una goccia di sangue libanese», spiegherà qualche tempo dopo, il 14 giugno 2009, all'*Observer on Sunday*, «questa prenderà la precedenza su tutto il resto.»

Forse accompagna la madre e le sorelle sulle tracce del passato. Insieme ritornano nella via dove vivevano? Ritrovano la loro casa di un tempo, le si fermano davanti, nostalgici, a ricordare i buoni e i cattivi momenti trascorsi lì? Vanno poi a gustare dei *mezze* o dei dolci in uno dei ristoranti che un tempo erano i loro preferiti? Forse vorrebbero anche far visita ai libanesi che un tempo erano a Parigi con loro e che, in seguito, sono tornati in patria mentre i Penniman andavano in Inghilterra. Mika, e lo si può capire, non vuole condividere questo generé di momenti intimi con i giornalisti. Ma come non immaginare la potenza di tali istanti e la risonanza profonda che suscitano dentro di lui? Questo Paese dove è nato è ancora il suo. E lui ammira moltissimo i libanesi.

«In Libano cadono le bombe, ma i ristoranti chiuderanno solo se saranno obbligati», dirà nella stessa intervista all'*Observer on Sunday*. «C'è una mentalità secondo la quale, se devi piangere, tanto vale che tu lo faccia in piedi sul tavolo, con le braccia in aria e gridando il più forte possibile. Io credo che queste emozioni estreme abbiano influenzato il mio modo di farne musica. C'è un aspetto da 'sopravvissuto' nei libanesi, e credo che sia questo ciò che io ho di inconsueto.»

Ma, nonostante la nostalgia, *The show must go on*, lo spettacolo deve continuare. Mika prova per tutto il pomeriggio e le note delle sue canzoni volano sopra i tetti della città martoriata. Prima della sua entrata in scena, quel giorno, il giovane artista forse sente il trac più forte del solito. A poca distanza da lui, quindicimila persone lo aspettano per vivere un momento di gioia, in una piazza che troppo spesso ha accolto folle in lutto. Il clown luminoso del Parc des Princes ha trovato il proprio posto. In frac e pantaloni di *paillettes*, Mika corre verso il suo pubblico, come fa ogni volta che comincia uno spettacolo. Sul palcoscenico sovrastato da festoni di luci, si esprime in inglese, in francese e in arabo, scusandosi di non saper parlare meglio quest'ultima lingua. «Stasera la città vi appartiene!» grida tra due canzoni. Il pubblico è conquistato. Tra la folla, gli striscioni agitati dal vento rendono un omaggio pieno di calore al piccolo principe. Di fronte a tanto amore, Mika inanella le sue hit e offre lo spettacolo al pubblico con orgoglio e riconoscenza. Dietro le quinte, la sua famiglia deve vivere questo momento con molta emozione e intensità, fino al fuoco d'artificio finale.

12
THE QUESTION IS...

«SIGNORA Penniman, una foto!»

«Signora Penniman, a che ora si alza suo figlio la mattina?»

«Signora Penniman, qual è il piatto preferito di Mika?»

I grandi artisti, ma anche le loro famiglie, lo sanno bene: la medaglia del successo ha sempre un rovescio. Dopo un primo tour trionfale e cinque milioni di album venduti in tutto il mondo, Mika e i suoi famigliari non possono uscire di casa senza essere importunati. Decine di fotografi e di giornalisti sono accampati davanti alla casa di Kensington e formano un imponente muro. Quando l'uno o l'altro dei membri della famiglia compare, i flash crepitano, le domande si moltiplicano. Rispondere? Non rispondere? Scappare con la testa bassa, infilarsi in macchina o affrontare la stampa? Ogni giorno c'è lo stesso dilemma. Peggio ancora, gli amici di famiglia sono tormentati da giornalisti pronti ai trucchi più bassi. Perché Mika «fa vendere»! E i tabloid inglesi, conosciuti per la loro spietatezza, sono capaci di tutto pur di pubblicare il minimo pettegolezzo che lo riguardi.

Per fortuna gli amici del cantante rifiutano di prestarsi al gioco. Per evitare le molestie, alcuni hanno perfino cambiato il numero di telefono. Ma la situazione resta la stessa. Il «fenomeno» Mika continua a espandersi. Su internet, in un numero incalcolabile di siti, circolano centinaia di foto del cantante. I suoi concerti, ripresi con i telefonini, vengono ritrasmessi con un solo clic. È un delirio! Un delirio che d'altronde comincia a far sentire leggermente a disagio Mika, che per natura è piuttosto timido. Allora lui si protegge il più possibile.

«È andato tutto molto in fretta», dirà nel corso di un'intervista del 15 settembre 2009, questa sì ufficialmente concessa a *Le Parisien*. «È cominciato in Svezia e in Norvegia, poi ha raggiunto l'Inghilterra e la Francia. Sulla mia pagina Myspace ci sono stati prima quattrocento amici, poi mille, poi duecentomila! È stato strano, per me. All'inizio uscivo pochissimo di casa. Avevo paura di farmi vedere. Era il mio modo di gestire la popolarità.»

Mika non è il solo a essere angosciato: anche la sua famiglia è turbata da queste conseguenze della fama, peraltro inevitabili. Guardare dalla finestra cercando di scostare le tende il meno possibile, per non essere visti e fotografati, è qualcosa di molto difficile e indubbiamente frustrante per Jonni Penniman e per suo figlio minore Fortuné, che studia architettura. Come tutte le madri che si preoccupano del benessere dei propri cari, Jonni teme che la notorietà così improvvisa e vistosa di Mika abbia delle ricadute devastanti sulla famiglia. Fortuné potrà imboccare la strada che ha scelto, tenendosi lontano da tutto quello che la celebrità del fratello comporta? Quanto a Mika, la sua carriera durerà nel tempo o sarà solo un fuoco di paglia? Certo, lei non mette in dubbio il suo talento di musicista. Ma teme che se un giorno il pubblico gli volterà le spalle, Mika non riuscirà a riprendersi. In queste condizioni, fa fatica a godere pienamente del magnifico successo del figlio.

Mika, però, resta incredibilmente positivo. Nei contratti ha sempre saputo imporre le sue scelte per la carriera. Oggi gestisce al meglio giornalisti e fotografi. E se lo irrita vederli in pianta stabile davanti a casa, si domina perfettamente. Con la sua sorprendente naturalezza, è sempre sorridente e pieno di entusiasmo quando risponde alle loro domande. Sa molto bene quello che può dire o meno per soddisfare abbastanza la curiosità degli altri, proteggendo nel contempo la sua vita privata. Non rifiuta mai un'intervista e non rifiuta mai nemmeno di fare un autografo. Lui stesso è stato un fan. Conosce l'importanza che una firma scribacchiata in fretta su un pezzo di carta può avere per un ammiratore. La prova? Le immagini eloquenti riprese col cellulare da un fan anonimo nel gennaio 2008, all'aeroporto di Nizza. Quel giorno Mika, che ha partecipato a un concerto organizzato dalla radio NRJ e alla consegna degli NRJ Music Awards, sta aspettando pazientemente di registrare il proprio bagaglio in mezzo ad altri passeggeri. Ma molto presto, nonostante gli occhiali scuri e il cappello, viene riconosciuto e assalito dai fan.

«Mika, Mika, posso avere un autografo?»

«Mika, guardami, per favore!»

Al suo posto molte star sarebbero irritate, nervose, sgradevoli. Non Mika. Appoggiato al carrello dei bagagli, guarda bene in faccia la persona che lo sta filmando sul cellulare. Poi, sorridendo, si mette a parlare con ciascuno dei presenti.

Attorno a lui tutti si calmano e lo ascoltano. Tutti tacciono. Qualche ragazza ride di nascosto. I ragazzi lo guardano, conquistati. Mika è là, vicinissimo a loro: un giovane uomo alto, dal viso attraente, dal sorriso luminoso, un'antistar che come gioielli porta solo due braccialetti d'argento e che sa perfettamente coltivare la propria normalità.

Il fatto è che dietro quest'immagine levigata e glamour si nasconde forse un altro Mika. Lo confessa lui stesso, nell'intervista al *Parisien* già citata. Ha realizzato i suoi sogni infantili a forza di lavoro, ma anche di «illusioni». E aggiunge: «Bisogna essere pazzi per dire a se stessi che si riuscirà a fare quello che si vuole. La follia è vitale, ti protegge».

Di quale follia parla? Nessuno lo sa. E, seconda e importantissima zona d'ombra, a quell'epoca nessuno sa ancora se questo splendido ragazzo sia mai stato attratto da un uomo o da una donna.

Una stanza da adolescente come tutte le altre. Sul letto, vestiti gettati in disordine. Per terra scarpe, la borsa per la scuola semiaperta, qualche CD, una confusione di libri e quaderni, un astuccio, dei peluche. Alle pareti, manifesti e fotografie di Mika. Laura, alias «Piccola principessa d'amore» su internet, lo adora. E stasera, come tutte le sere, dopo aver fatto i compiti si mette a navigare nei siti che parlano del suo cantante preferito. Su una chat per adolescenti, scopre una diceria che metterà di cattivo umore moltissime ammiratrici di Mika. Si afferma che sia omosessuale. Allora Laura entra nella discussione.

Piccola principessa d'amore: «Sì, potrà essere gay, ma questo non cambia niente riguardo al suo talento».

Beee: «Kosa, è gay???»

Bibimt5: «Sono solo voci, non c'è stata ancora una conferma».

Ixnayoff: «Io penso che lo sia, e allora??? In ogni caso, non gli impedisce di cantare bene».

White sugar: «Oh, no, un tipo così bello è gay! Accidenti, non è possibile».

Piccola bruna 92: «Sì, me l'ha detto il mio ortodontista!!! Sono troppo disgustata!!!»

Piccola principessa d'amore: «Ci si può vestire colorati e avere la voce acuta, ma non per questo si è gay... e anche se fosse così, che importa?»

Come Laura, alias Piccola principessa d'amore, sui blog del mondo intero sono migliaia a discutere *la* questione del momento: Mika è o non è omosessuale? Il suo abbigliamento, la sua musica, la sua voce e il suo gusto per l'eccesso in scena, che tante volte l'hanno fatto paragonare a Freddie Mercury o a Elton John, provocano dibattiti appassionati e anche violenti. C'è chi è persuaso che Mika sia gay. Chi sostiene, nonostante tutto, che non lo sia. E c'è anche chi pensa che la cosa non abbia importanza. Qual è la verità? Difficile a dirsi, in quegli anni. Ma il fatto è che certe sue canzoni sono ambigue. *Billy Brown*, per esempio, un pezzo di cui Mika è molto fiero, racconta di un normalissimo marito e padre che si innamora di un uomo. Un altro testo del suo primo album, *Stuck in the Middle*, spiega come Mika abbia deluso i genitori quando era più giovane. Di lì a pensare che Mika si serva della sua musica per fare coming out, c'è solo un passo. Secondo le sue stesse parole, d'altronde, i discografici della Universal l'hanno messo in guardia: cantare l'omosessualità in un Paese come gli Stati Uniti, tutto sommato ancora puritano, non sarà l'ideale per la sua carriera.

«A un certo punto», racconta in un servizio del mensile statunitense gay e lesbico *Out* nel luglio 2007, «certi dicevano che *Billy Brown* non sarebbe dovuta uscire negli USA. Io sono andato direttamente dai grandi capi per dire loro che era una cosa ridicola.»

È vero. Ma Mika omette di dire qualcosa. Pare che nel corso dell'incontro sia stato preso da una rabbia folle e che abbia perfino minacciato di andarsene, se

Billy Brown non fosse stata inclusa nella versione americana di «Life in Cartoon Motion». E alla fine ha vinto, per la gioia di migliaia di fan e anche per quella dei suoi nipotini e nipotine, di cui *Billy Brown* è la canzone preferita! Con tutto ciò, appena il suo album esce oltre Atlantico, i giornali gay sono i primi a sorvegliare da vicino la sua vita privata. E, nel servizio di *Out* già citato, Mika confida che non ha un gran bel ricordo della serata di lancio di «Life in Cartoon Motion» a New York.

«Nella serata di ieri ho conosciuto davvero qualcuno? No. Ma di numeri di telefono ne ho avuti! La gente me li infilava in tasca. L'aggressione fisica è qualcosa che veramente non sopporto. Come quando mi palpano il sedere continuamente o mi infilano le mani nei pantaloni. Ci sono dei limiti, no?»

Ecco allora una novità che non è destinata a chiudere la polemica. Il blogger americano Perez Hilton, che non nasconde la propria omosessualità e che nel suo sito di pettegolezzi sulle star attira ogni giorno circa quattro milioni di visitatori, improvvisamente afferma che Mika è «gay, gay, gay». Qualche settimana più tardi, dopo averlo incontrato in una serata, ritorna sulle sue dichiarazioni. Segnaliamo di passaggio che diventa anche il fan numero uno di Mika negli Stati Uniti e che posta continuamente sul sito foto lusinghiere del suo nuovo protetto, usando, perché abbia successo, tutto il potere mediatico che possiede. Mika si è forse avvicinato a Perez Hilton per neutralizzare il suo atteggiamento velenoso? Sembra improbabile, perché il giovane cantante è tutto tranne che machiavellico.

Bisognerà aspettare il settembre 2009, e l'uscita del nuovo album di cui parleremo più avanti, perché Mika si esprima sull'argomento. In una bella giornata autunnale, arriva a Saint-Ouen nella sede del quotidiano *Le Parisien*.

«Pantaloni da golf, T-shirt bianca, figura slanciata, il cantante», scrive il giornalista incaricato del servizio, «ha instaurato immediatamente un clima disteso con i suoi intervistatori per un giorno, chiedendo di darsi del tu e rispondendo a tutte le domande, molto in francese e un po' in inglese.»

In effetti in quell'occasione, per due ore, Mika si presta a rispondere con molta franchezza alle curiosità di sei giovani lettori. Uno di loro gli fa finalmente la domanda tanto attesa.

«Le persone si interrogano sulla tua sessualità. Preferisci lasciarle nel dubbio?»

«Io parlo di sessualità senza problemi, soprattutto attraverso le mie canzoni. Ma non voglio essere etichettato. Negli Stati Uniti, i media non capiscono il mio atteggiamento. Io non mi sono mai posto delle barriere nella mia vita personale e sessuale, nel modo di vestirmi e di cantare. Mi piace giocare con il concetto di 'genere' nei miei testi. Voi che avete la mia età, cosa ne pensate? (...) Se avessi voluto vendere di più, perché avrei scritto una canzone come *Billy Brown*, sulla storia di uno che manda tutta la sua vita a gambe all'aria per stare con un uomo? Oppure *Grace Kelly*, dove cerco di trovare la mia identità tra Grace Kelly e Freddie Mercury? Nelle mie canzoni, io esploro le diverse sessualità. E dal punto di vista commerciale la cosa può essere pericolosa. Negli Stati Uniti, per esempio, alcune sono vietate alla radio.»

È eloquente, ma ancora ambiguo. Eppure una breccia si è aperta nella leggendaria discrezione di Mika riguardo alla sua vita privata. Qualche giorno dopo, in Olanda, un giornalista della rivista *Gay and Night* lo interroga sullo stesso tema.

«Sono certo che tu sia stufo di sentirtelo domandare, ma bisogna che io lo faccia. Ora che sei un artista dalla fama consolidata, ti senti più a tuo agio quando ti confronti con le voci sulla tua presunta omosessualità?»

«La mia presunta omosessualità, adoro come lo dici...» risponde Mika ridendo.

«Cerco di essere prudente. Non vorrei farti arrabbiare.»

«Questo tipo di domande non mi fa mai arrabbiare. D'altronde, perché dovrebbe? Non si tratta di qualcosa di male. Quanto a discutere di sessualità e di orientamento sessuale, ascolta le mie canzoni. La sessualità è dappertutto. È un po' il tema dell'album, se ci si riflette. Perché crescere è anche questo. Io non mi sono mai messo un'etichetta e non ho mai limitato la mia vita o la scelta delle persone con cui potevo andare a letto. Dunque, poco importa. Se io stessi uscendo con un uomo in questo momento, non te lo direi, e non lo direi a nessuno. Anzi, lo direi a te come amico, ma non come giornalista. Capisci quello che voglio dire? Allora, non so, chiamami come vuoi. Chiamami bisessuale, se hai bisogno di un termine preciso per definirmi.»

È solo nel 2012 che Mika fa pienamente coming out, sulle pagine del numero di settembre del mensile gay statunitense *Instinct*. Oggi, con buona pace delle ammiratrici deluse, tutto il mondo sa che da sette anni ha un legame fisso con un uomo e che vorrebbe crescere con lui molti figli.

13
SENZA BENZINA

UNA vacanza. E in Francia, per di più! Ecco che cosa si regala Mika alla fine del tour mondiale di «Life in Cartoon Motion». Il 18 agosto 2008, per festeggiare il suo venticinquesimo compleanno, decide di andare a fare del canyoning... con ai piedi, dettaglio bizzarro, delle semplici Converse. Ma non si deve pensare che sia del tutto incosciente. Si è assicurato i servizi di una guida professionista e si è equipaggiato con un casco, una tuta impermeabile e un'imbracatura. Al ritorno, sotto un sole splendido, salta nell'acqua fresca delle gole naturali e intanto fa filmare la scena, per poi condividerla con i fan sul suo blog. È così che lo si può vedere uscire dall'acqua, con l'espressione mezzo sorpresa e mezzo incantata. Nonostante l'equipaggiamento, ha patito il freddo del torrente. Ma si indovina anche che è abbagliato dalle sensazioni appena provate.

Un sogno da bambino, lontano dagli obblighi della professione...

È una pressione enorme, quella che pesa sulle sue spalle. Come spiegherà al *Daily Mail* il 3 settembre 2009, la Universal preme perché finisca di creare il suo secondo album. Intanto, in questa seconda parte del 2008, è al vertice della sua recentissima gloria, forte del successo internazionale del tour e dei cinque milioni di copie vendute di «Life in Cartoon Motion». Per restare nelle posizioni più alte dovrà uguagliare, e anche sorpassare, questo successo commerciale. Ne va della sua carriera. La casa discografica è sicura: se nel giro di qualche mese non uscirà un nuovo album, Mika verrà dimenticato o quanto meno messo in secondo piano. E dovrà ricominciare tutto da capo.

Mika forse non se lo confessa, ma in lui si insinua a volte una punta d'angoscia. E a ragione. Ha già composto alcuni brani come *Rain*, che ha anche testato in scena davanti al pubblico del Parc des Princes, ma sono mesi ormai che tenta invano di andare avanti. Certo, ci sono delle parole e degli spunti musicali segnati su un taccuino tra un aereo e l'altro, un concerto e l'altro, una serata di gala e l'altra... ma niente gli sembra all'altezza delle sue prime hit. Deve arrendersi all'evidenza, l'ispirazione a volte gli manca. È perché sta sempre fuori casa, lontano da quel bozzolo comodo nel quale si sente amato, protetto e incoraggiato dalla mamma, dalle sorelle e dal fratello? Lui si dice che è questo il motivo, mentre percorre il mondo. Senz'altro quando sarà nuovamente a Londra, nel suo piccolo appartamento di Kensington, le parole usciranno di nuovo senza sforzo dalla sua penna.

Ma anche una volta che è rientrato non cambia niente. Forse perché ha fatto rifare interamente l'appartamento, che ora è tutto bianco dal soffitto alla moquette, per non parlare dei divani? Mika dice di sì. A sentir lui, i fantasmi che popolavano la casa se ne sono andati durante i lavori, portando con loro la sua ispirazione. Allora si ritrova a girare in tondo, in questa abitazione che è peraltro piena di oggetti familiari. Sopra il letto, una grande bandiera inglese. Su una parete, un disegno originale di Charles Schulz, il creatore di Charlie Brown. A fianco, delle statuette di Tintin, il popolare personaggio belga dei fumetti, una tavola dell'artista americano Jim Woodring e dei quadri dell'australiana Sophie Bacall. Poi, dei vasi pieni di fiori.

Alcuni non possono fare a meno del tabacco, altri dell'alcol, altri ancora delle droghe. Mika è dipendente dai fiori. Rose, peonie, iris, gigli o orchidee che siano, sembrano esercitare su di lui una sorta di fascinazione. E spesso a Jonni prende quasi un colpo, quando riceve i conti dei fioristi da cui suo figlio si serve! Il suo appartamento, insomma, è pieno di fiori e, quando si entra, si viene presi alla gola dall'odore dolciastro delle corolle più o meno sbocciate.

Ma mentre tenta di scrivere il suo secondo album, i fiori, i quadri e i soprammobili non sono di nessun aiuto per il giovane artista. Deve arrendersi all'evidenza. Nel momento in cui dovrebbe quasi aver terminato l'album, eccolo in preda alla sindrome della pagina bianca. Già tendente all'insonnia per natura, non riesce più a chiudere occhio. Chiaramente, più il tempo passa e meno le parole gli vengono, per non parlare della musica. Mika è stanco. La magia che l'ha guidato fin lì sembra averlo abbandonato. E anche se lui cerca di non farlo capire, intorno a lui tutti si preoccupano. I suoi produttori. I suoi musicisti. Ma anche i suoi cari, a cominciare dalla madre. Jonni è rimasta impressionata dalla sua spettacolare riuscita, ma adesso si domanda se Mika sarà capace di uscire dal brutto momento in cui sembra trovarsi. Si capisce quanto sia contenta, quando alla fine il figlio accetta di farsi aiutare!

In suo soccorso viene Pete Townshend degli Who, un

chitarrista geniale, forse uno dei migliori strumentisti e compositori della scena mondiale. È stato uno dei primi a impiegare dei sintetizzatori nei pezzi rock e a scrivere un'opera rock: l'incredibile *Tommy* è diventata una leggenda per moltissimi fan. Ma Townshend è anche un uomo ferito da un'infanzia che si può definire come minimo difficile. Cosa che lo avvicina a Mika, che non ha assolutamente dimenticato gli anni di scuola in cui è stato rifiutato dai compagni di classe, ma anche dagli insegnanti che lo giudicavano nient'altro che un «imbecille».

Quando si incontrano, grazie alla compagna di Townshend, Rachel Fuller, anche lei musicista, una corrente di simpatia si stabilisce immediatamente tra i due. Ed è del tutto naturale che la coppia inviti Mika nella sua casa di campagna a Richmond. Il giovane cantante accetta subito, entusiasta di condividere qualche momento della vita di questo gigante della musica, che ammira da tanto tempo.

Non bisogna essere dei geni per capire che in questo periodo Mika si sente perso. La gloria l'ha baciato nella prima giovinezza, alla fine di anni molto difficili. È stato innalzato al vertice in meno di due anni e ha realizzato i suoi sogni più pazzi. Ma adesso sta pagando il prezzo di una celebrità che, se non gli ha fatto girare la testa, tuttavia l'ha destabilizzato. Mika cerca di non farlo capire, mostrando a chi lo circonda lo stesso viso sereno e sorridente, ma Pete Townshend non si lascia ingannare. Senza dubbio, come molti altri musicisti, è passato per le stesse angosce. Proprio come Mika, al ritorno da lunghi tour si è ritrovato solo in una stanza diventata improvvisamente scomoda, matita in mano e foglio bianco sulla scrivania, senza che nessun motivo musicale gli risuonasse nella testa. Come lui, si è seduto davanti al pianoforte e ha appoggiato le dita sulla tastiera senza che una sola nota uscisse dallo strumento. Allora, con molto tatto, spiega al suo giovane amico che cosa gli sta capitando.

«Mi ha detto che dovevo tornare all'inizio, alle basi del lavoro di scrittura», spiegherà Mika nell'intervista al *Daily Mail* citata all'inizio di questo capitolo. «Mi ha consigliato di mettermi nei panni di un artigiano e non di un artista, di darmi una disciplina. Mi ha assicurato che facendo così avrei ritrovato l'ispirazione. Sentire queste cose dalla bocca di una leggenda vivente me le ha fatte trovare convincenti, e allora...»

Allora Mika decide di cambiare radicalmente il modo di lavorare e instaura una routine che gli permetterà finalmente di rimettersi a comporre. Ogni giorno esce di casa alla stessa ora e si dirige verso un piccolo studio di registrazione londinese.

«Stava per chiudere, quindi è stato un buon affare», confiderà Mika alla radio francese Europe 1 nel gennaio 2010. Trovato il luogo giusto per la creazione, il giovane artista imposta la sua nuova vita. Ogni giorno alla stessa ora va allo studio. A mezzogiorno mangia nello stesso ristorante, dove gli viene riservato lo stesso tavolo e gli viene offerto lo stesso menù. Il suo tè è preparato sempre nella stessa maniera e servito alla stessa temperatura. In seguito, dopo l'ultimo sorso, torna nello studio affittato per l'occasione. Un posto piccolo e buio, pieno di fiori che riempiono l'aria di un forte profumo. Lì si è circondato di tutto ciò che ama. Per ore ha ritagliato dalle riviste immagini dei personaggi di fumetti, che poi ha dipinto con cura prima di incollarle sovrapponendole sulle pareti. Una volta riprodotto qui il suo universo così particolare, può ricominciare a comporre. Sotto le sue dita, parole e musica arrivano improvvisamente senza sforzo. Si incastrano tra loro come i pezzi di un puzzle. E tutti i personaggi del nuovo album entrano in scena, gli uni dopo gli altri.

«Quando si ascolta il disco», spiegherà al settimanale francese *Les Inrockuptibles* nel numero del

15 settembre 2009, «si sente che è davvero così: tutti raccontano la propria storia e io incarno le loro differenti voci. Io sono la ragazza di ventiquattro anni dal cuore spezzato, seduta sul marciapiede, che ha appena finito di vomitare, io sono il ragazzino uscito da *West Side Story* che ha appena avuto la sua prima esperienza sessuale e vuole festeggiarla...»

Durante tutto l'autunno del 2008, Mika lavora con accanimento nella capitale britannica. All'avvicinarsi di un inverno che i meteorologi prevedono rigido, protegge la gola meglio ancora di quanto faccia di solito. Il minimo colpo di freddo altererebbe la sua voce acuta e pura, e soprattutto in questo momento bisogna evitarlo. Dopo settimane di incertezze, Mika è di nuovo sul cammino del successo: ne è sicuro e questa sensazione lo rende euforico. Alzandosi presto, andando a letto molto tardi, seguendo sempre la stessa immutabile routine, lui lavora; dimenticandosi, almeno in via provvisoria, di tutto ciò che non rientra nel suo universo musicale.

Il secondo album, adesso lo sappiamo, sarà molto diverso dal precedente: sarà insieme più maturo e più riuscito. In «Life in Cartoon Motion» Mika cantava l'infanzia, ma adesso vuole esaltare l'adolescente che rimane sempre dentro di lui. Nel ricordo degli anni trascorsi, scrive parole cupe nelle quali canta il dolore, le paure, le incertezze. Per Mika, però, cupo e doloroso non significano triste, ma pop! Sotto le sue dita le parole esultano, le note frizzano. Ormai ben lontano dalla crisi che l'aveva vinto, scrive una canzone dietro l'altra. Quando infine si sente pronto, chiede al suo ingegnere del suono, un giovane tedesco ventisettenne appena arrivato da Monaco di Baviera, di fare una registrazione soltanto con voce e pianoforte. Poi la invia a Gregg Wells, il suo produttore che sta a Los Angeles.

«*So good, Mika! It' time for you to come and work with me here. I have a lot of surprises for you.*» Molto bene, Mika! È tempo che tu mi raggiunga a lavorare qui. Ho un sacco di sorprese per te.

Gregg Wells è un professionista. Ha ascoltato centinaia, se non migliaia, di progetti musicali. Ma quello che ha appena sentito l'ha scosso. Decisamente il giovane Mika ha del talento, e ne dimostra sempre di più man mano che i mesi passano. Il produttore trova ottime le nuove canzoni, che gli sembrano avere la qualità dei grandi successi. È tempo per Mika di tornare negli Stati Uniti e di perfezionare là i testi e le musiche. Perché chi pensava che l'album fosse già a posto si è sbagliato. Il lavoro fatto a Londra è una buona base, ma agli occhi di Wells c'è ancora tanto da fare, prima di raggiungere la perfezione necessaria per il lancio. Una volta di più, quindi, Mika deve rifare le valigie. Ma prima di volare a Los Angeles vuole passare le feste di Natale con la famiglia. E anche andare a fare un po' di slitta in Austria, entusiasta com'è di passeggiare in quei paesaggi da fiaba...

«Bene. Vado.»

Questa volta è tutto pronto. Mika ha chiuso l'ultima valigia. Ci ha messo dentro vestiti di ogni tipo, che gli serviranno nel corso dei cinque mesi in cui starà negli Stati Uniti. Non ha dimenticato i gioielli, i taccuini, gli schizzi, tutto quello che gli potrà servire per rimettersi in sesto nello sconvolgimento che un esilio, seppur temporaneo, provoca sempre. E dopo un ultimo saluto alla madre salta dentro un taxi. Direzione, l'aeroporto di Heathrow.

Il minimo che si possa dire è che ormai Mika lo conosce perfettamente: ogni corridoio, ogni banco, ogni sala d'imbarco gli è familiare. Nemmeno le voci che chiamano i viaggiatori per destinazioni lontane gli sono estranee. Poco ci manca che immagini di vedere, nell'angolo di un corridoio, i fantasmi dei Penniman che si imbarcano per la Cina in una confusione di valigie e zaini. Ma oggi è solo. Insomma, quasi. Perché c'è già qualcuno che lo riconosce. Un ragazzo bisbiglia qualcosa mentre passa. Un'adolescente si gira stupefatta. Nei suoi occhi si indovina la domanda che si sta facendo: «È davvero Mika?» Ma, timida, non la formula ad alta voce e si allontana con rimpianto. Non è questo il caso di un ragazzino di una dozzina d'anni, che, sfrontato, si piazza davanti al giovane cantante e gli tende un pezzo di carta e una biro.

«Posso avere un autografo, per favore?»

Gentilmente, Mika scrive qualche parola per lui. E già altri fan arrivano e gli si stringono attorno, fino a formare un assembramento allegro ed entusiasta... Mika continua a distribuire autografi. Forse dentro di sé ha il vago timore che il suo prossimo album deluderà i suoi ammiratori. Ma senz'altro si dice anche che non sarà così. Perché attraverso le parole scritte e le note suonate, la magia sembra davvero essere ritornata...

«Buongiorno, sono il vostro comandante di bordo. Tra qualche minuto decolleremo per Los Angeles, dove il nostro atterraggio è previsto fra undici ore. Vi preghiamo di allacciare le cinture e di sollevare lo schienale dei vostri sedili...»

Mika, meccanicamente, ubbidisce alla richiesta del

pilota. Poi chiude gli occhi, aspettando di sentire la spinta che annuncia il decollo dell'aereo. Non spera di dormire: sa che non ci riuscirebbe. Ma per attenuare l'irragionevole angoscia che lo prende quando vola, senz'altro si sforza di pensare a cose gradevoli. A Los Angeles starà chiuso in uno studio per la maggior parte del tempo. Ma ha chiesto al suo manager di affittargli una graziosa villa con piscina sulle colline di Hollywood. Quando ha registrato il suo primo album, viveva in un bilocale più servizi in un sobborgo della città. Questa volta si vede già mentre assapora un cocktail sotto le palme, con i piedi nell'acqua. Dopo tutto, con il successo è arrivato anche il denaro. Una volta tanto, Mika può approfittarne per unire l'utile al dilettevole.

Los Angeles. Uno dopo l'altro, i passeggeri scendono dall'aereo. Mika ha come loro i lineamenti leggermente tirati: il viaggio è lungo e l'aria molto secca della cabina non aiuta. Ma finalmente è a terra. Con i piedi solidamente posati sul suolo. Non gli resta che sopportare le interminabili formalità dell'ingresso negli Stati Uniti e recuperare le valigie. Un'oretta di pazienza e finalmente arriva nell'atrio dell'aeroporto dove, come previsto, l'autista della casa discografica lo aspetta in un punto convenuto, per scortarlo fino a una limousine. Fino a ora è tutto perfetto. Mika si vede già in piscina. Con un po' di immaginazione, potrebbe quasi sentire la freschezza dell'acqua...

Tuttavia, la limousine non lo lascia davanti alla bella villa bianca dei suoi sogni, ma davanti all'edificio in cui risiedeva due anni prima, l'ultima volta che era venuto a Los Angeles. Mika sta sognando? Sta per svegliarsi? Neanche per idea. L'autista sta veramente scaricando i bagagli. Gli apre la portiera della macchina e lo porta, con le sue valigie, nello stesso piccolo e tetro bilocale.

«Ci dev'essere un errore», dice Mika.

Un errore? Niente affatto. Perché Jonni Penniman è una persona prudente. Quando è venuta a sapere che Mika voleva spendere una fortuna per affittare una villa, lei ha messo un veto puro e semplice al progetto. E ha annullato tutto, affittando in cambio lo stesso appartamento che Mika abitava durante il precedente soggiorno. Dopo tutto, suo figlio deve lavorare. Non avrà il tempo di godersi la piscina...

Davanti a tanta invadenza, molti si sarebbero davvero arrabbiati. Non Mika. Passata la prima delusione, scoppia a ridere e si sistema, bene o male, nell'appartamentino. Ancora oggi, quando racconta l'aneddoto ai giornalisti, lo fa con un gran sorriso sulle labbra. Ma quando qualcuno gli chiede se pensa che sua madre avesse ragione, risponde: «No. Io avrei voluto la villa con piscina, ovviamente».

Se Mika si sottomette, è anche perché ha fretta di cominciare a lavorare. A poca distanza dal suo piccolo appartamento, nello studio di registrazione affittato dalla casa discografica, il suo produttore e complice Gregg Wells lo aspetta per dare vita al suo secondo album.

14

«THE BOY WHO KNEW TOO MUCH»

È VERO, Mika ha dovuto rinunciare al suo sogno. Nei cinque mesi che passerà a Los Angeles, non avrà né villa né piscina. Anche se è deluso, passa oltre e approfitta dell'inizio del suo soggiorno per andare a fare delle lunghe passeggiate su Venice Beach, la mitica spiaggia sul bordo del Pacifico. Lì, davanti all'oceano, su quella larga lingua di sabbia bianca dove sono installate decine di torrette di avvistamento per i bagnini che sorvegliano chi entra in acqua, Mika approfitta della solitudine. Quando è stanco di guardare l'oceano, cammina per chilometri lungo la spiaggia senza essere avvicinato dai soliti fan, che sono certamente adorabili, ma a volte anche un po' importuni. A ogni passo scopre un nuovo spettacolo. Ragazze in minishort dalle lunghe gambe nude, giovani ciclisti dai capelli ricci, skater agili e veloci, venditori di gelati e di popcorn e, laggiù sull'acqua, le vele bianche delle barche. Non si stanca mai di niente, ma sa anche, quando è l'ora, riprendere di buon umore il cammino per lo studio di registrazione dove lo aspetta Gregg Wells. Col passare del tempo i due si sono avvicinati sempre di più. Gregg sa sempre trarre il meglio dal mondo creativo tenero e sensibile di Mika.

Le registrazioni si tengono a Culver City, a due passi dalla spiaggia, in uno studio confortevole e ben equipaggiato ma dall'arredamento ridotto al minimo. Subito Mika decide di ricreare l'universo nel quale si era già immerso a Londra. Come potrebbe essere altrimenti? Per lui i riferimenti visivi sono molto importanti. Trasforma quindi il suo nuovo regno in una sorta di tempio molto trendy. Meticolosamente, incolla i suoi disegni e quelli della sorella sulle pareti immacolate e sulle porte degli armadi. Aggiunge pagine strappate da riviste, schizzi di celebri illustratori contemporanei come Richard Sala, Tony Millionaire o David McKee, il creatore del celebre Elmer. Di fianco attacca i suoi *mubins*, pupazzetti colorati tutti disarticolati che per lui incarnano gli adolescenti che si sentono male nella loro pelle, in preda ai demoni tipici della loro età. Alle immagini si aggiungono poi le parole. Per cominciare, Mika appende in evidenza una citazione di Oscar Wilde: «La moda è una forma di bruttezza così intollerabile che dobbiamo cambiarla ogni sei mesi». Giusto accanto, sugli scaffali, dispone con cura una collezione di libri per bambini di prima della guerra e degli anni Cinquanta, acquistati per tremila sterline: una bella somma, un investimento che però non rimpiange quando guarda i volumi allineati uno di fianco all'altro e si immerge nel loro mondo per trarne ispirazione. Infine, per completare il tutto, appende un messaggio personale sulla porta d'ingresso dello studio: «*Do not play loud, do not hurt Mika*», Non suonare forte, non far male a Mika.

Ecco, è tutto a posto. Lo studio assomiglia a quello di un disegnatore di cartoni animati. Mika può finalmente cominciare la registrazione del suo nuovo album. L'inizio è promettente, perché si tratta di *Rain*: una lettera di rottura messa in musica dall'artista con humour e già cantata davanti alle decine di migliaia di spettatori del Parc des Princes. Quando lo registra in studio, Mika ha molte idee in testa riguardo al pezzo.

«Mi piacerebbe che la musica evocasse la pioggia che scende», spiega a Gregg Wells.

La pioggia che scende? Wells fa di sì con la testa. Per lui è una buona idea. Resta da realizzarla. Chiede a Owen Pallett, un giovane violinista canadese di trent'anni, premiato per il suo album del 2005, di venire a raggiungerli. All'inizio, quando Pallett si sistema dietro il vetro e accorda il suo violino, Mika è un po' perplesso. Come potrà nascere il suono della pioggia da uno strumento dalle sonorità a volte stridenti? Ma molto presto, come per miracolo, una cascata di note si alza nello studio. *Plop. Plop-plop-plop. Plop-plop-plop-plooop*... Mika, ipnotizzato, guarda il giovane musicista muovere le dita sulle corde del suo strumento. Ne escono proprio delle dolci gocce d'acqua che vanno a cadere, una dopo l'altra, sul pavimento.

La musica, dice spesso Mika, è come i Lego. Una nota si incastra nell'altra, fino a formare un tutto unico che è insieme equilibrato e originale, un'armonia magica che spesso tocca la perfezione. *Rain* è registrata. È il momento di *We Are Golden*. In questa canzone che celebra la ribellione adolescenziale, e alla cui riuscita tiene più che a ogni altra, Mika sarà accompagnato dall'Andraé Crouch Gospel Choir, molto celebre a Los Angeles. È un onore, se si pensa che questo coro ha cantato in *Like a Prayer* con Madonna e che Andraé Crouch è stato uno dei produttori e arrangiatori di Michael Jackson. D'altronde, è uno dei soli tre musicisti gospel ad avere una stella sulla celebre Walk of Fame, la strada delle star di Hollywood.

Se Mika crede di trovare lui e il coro nel solito studio, si sbaglia. Gregg Wells e tutta la produzione gli hanno infatti preparato una grossa sorpresa. Una limousine che l'ha aspettato davanti alla sua modesta abitazione lo porta verso Hollywood. Lì, nella zona a nord della città, Mika scopre l'incredibile edificio della Capitol Records: una torre di tredici piani che assomiglia stranamente a una pila di quarantacinque giri. Come volevasi dimostrare...

Ascensori ultramoderni. Corridoi immensi. Mika procede, un passo dietro l'altro. Arriva infine nello studio che gli è stato riservato. I membri del coro sono già là ad aspettarlo, sorridenti. Impressionato, Mika li saluta, poi li ascolta mentre si scaldano. Sono dei veri professionisti, con voci una più bella dell'altra e amalgamate in modo perfetto. Talmente perfetto che Mika si picchietta leggermente le labbra in segno di nervosismo. Riuscirà a unirsi a questo gruppo, e addirittura a dominarlo? Bisogna dire che non ha nessuna ragione per essere inquieto. Nel momento in cui si mette a cantare davanti a loro, la sua voce acuta sorprende e colpisce.

La canzone comincia e poi si arriva a registrare la frase «*We are not like you think we are, we are golden*». In questo momento, la potenza e la compattezza del coro unita al timbro melodioso di Mika fa rabbrividire di piacere. Il giovane cantante, in preda al trasporto, dà libero corso alla sua gioia. Ha composto la canzone da solo con il suo pianoforte. Ogni nota gli è costata una ricerca lunga e faticosa, ogni accordo una sofferenza. Ma adesso tutto acquista un senso. E Mika incomincia, finalmente, a credere davvero in questo album che si chiamerà «The Boy Who Knew Too Much», un riferimento al grande regista Alfred Hitchcock, di cui il cantante è un grande fan, e al suo film *L'uomo che sapeva troppo*. Lasciando lo studio, a notte inoltrata, Mika ha gli occhi pieni di stelle.

Aeroporto di Los Angeles. Una piccola folla aspetta il volo da Londra che è appena atterrato. Qualche minuto dopo Audrey, la cuginetta di Mika, sbarca con gli altri viaggiatori. È cresciuta dei tempi in cui, ancora piccola, aveva cantato nella registrazione di *Lollipop*. Ormai è una ragazzina, bruna e un po' rotondetta, felice di partecipare al disco di una vera star. Nell'automobile che la porta in albergo, spalanca gli occhi meravigliati sugli scenari californiani. Scommettiamo che come Mika farà delle lunghe passeggiate su Venice Beach e andrà forse anche a nuotare? Ma dopo qualche giorno di riposo, quando si è rimessa dal jet lag, viene per lei il momento di raggiungere lo studio di registrazione nel quale ormai l'aspetta il famoso cugino.

Mika l'ha avvertita. Se le ha fatto attraversare un oceano, è perché conta su di lei per comunicare in *We Are Golden* la rabbia degli adolescenti che vogliono far capire il proprio valore. Audrey si è preparata bene, ma quando comincia la registrazione è molto intimidita dalla prova che la aspetta.

«*I want you to shout the sentence like this: 'We are not what you think we are, we are golden!'* (Voglio che tu gridi la frase così: 'Noi non siamo quello che credete, noi valiamo oro!')», grida Mika. Poi, girandosi verso Audrey: «*Yougo!* (A te!)». La ragazzina esita: «*We are not what you think we are...*» comincia. «*Louder!* (Più forte!)» grida Mika. Audrey fa un gran respiro e si lancia: «*We are not what you think we are... we are golden!*» «*Yes! Again! Louder!* (Sì! Ancora! Più forte!)» Mika, al fianco di sua cugina, urla come un bambino. Le risate scrosciano. Audrey ricomincia un'altra volta e un'altra ancora... «*We are not what you think we are, we are golden!*»

È fatta! Urlando a squarciagola, battendo i piedi mentre scandisce le parole nel microfono, Audrey diventa la perfetta incarnazione dell'adolescente che grida ai genitori e agli adulti di voler esistere per se stessa. Gregg Wells, guardandola, abbozza un sorriso di contentezza. Tra il coro gospel di Andraé Crouch, la voce magica di Mika e questa ragazzina, la canzone, ne è sicuro, sarà un grande successo.

Restano ora da registrare gli altri pezzi mantenendo un livello altrettanto alto.

«*Hey guys, some cakes for you!* (Ehi, amici, ecco dei dolci per voi!)»

Jonni Penniman viaggia regolarmente tra Londra e Los Angeles. Nel piccolo appartamento del figlio, si dedica con amore a cucinare delizie zuccherate. Poi fa visita a Mika e ai suoi musicisti, sempre chiusi nello studio di Culver City. Una presenza senz'altro confortante per il cantante, che, tutto concentrato com'è, trova comunque sempre il tempo di darle un bacio e di assaggiare le sue creazioni. Forse Jonni è al suo fianco quando, nel marzo del 2009, Mika riceve un invito inatteso e sorprendente.

«Il presidente francese Nicolas Sarkozy riceverà il presidente libanese», spiega a Mika il suo addetto stampa. «L'Eliseo ci fa sapere che sua moglie Carla Bruni vorrebbe invitarti alla cena che sarà data in suo onore.»

«Stai scherzando?»

«No! Che cosa rispondo?»

Silenzio. Mika riflette. Certo, l'invito lo lusinga. Ma lui è nel pieno della registrazione. Dovrebbe lasciare tutto, fare molte ore in volo, riprendersi dal jet lag...

«No», dice con rammarico all'addetto stampa. «Non ci andrò.»

Non ha il tempo di pentirsi della decisione, perché la registrazione dell'album prosegue a ritmo sostenuto. Già che c'è, Mika realizza anche il video che accompagnerà il primo single, *We Are Golden*. Le riprese, è il meno che si possa dire, non sono tristi!

Il regista ha fatto sistemare la scena in un enorme hangar che viene abitualmente utilizzato come studio cinematografico. Nel bel mezzo stanno delle pareti di cartapesta sorrette da sostegni di metallo. All'interno, una tipica cameretta da adolescente. Il letto è sfatto, le pareti sono coperte di poster, capi di abbigliamento più o meno puliti sono ammucchiati per terra in mezzo a gadget vari; il tutto in un disordine totale. Mika, vestito solo con boxer bianchi – lui, così pudico, stava per rifiutare questa richiesta della sceneggiatura – e sneaker dorate, salta, gira, volteggia su un tappeto dai disegni e dai colori psichedelici. A torso nudo, offre alle riprese un fisico glabro e impeccabile e si scatena sulla canzone prima di indossare vari travestimenti. In breve, il regista Jonas Åkerlund, nome di punta nel mondo dei videoclip, approfitta al massimo del suo gusto per la fantasia e firma così quattro minuti e trentasette secondi di gioia.

Ormai l'album è pronto. Il 26 maggio, l'uscita è preceduta da quella di un libro più CD illustrato da diciotto artisti interpellati personalmente da Mika e intitolato *Songs for Sorrow*, canzoni per la tristezza. Nello stesso periodo, il cantante si esibisce in una serie di concerti acustici a Londra, Milano, New York e Parigi. Poi, finalmente, il 12 settembre «The Boy Who Knew Too Much» è su internet e nei negozi. Arriva immediatamente al primo posto delle classifiche in Francia e al quarto in Inghilterra. Un bel risultato, anche se in seguito l'album non otterrà tutto il successo sperato.

Mika come vive questi mesi di lancio? In viaggio! È richiesto ovunque. Concerti, ma anche promozioni dell'album: ancora una volta, non ha il diritto di prendersi una vacanza. Solo per un brevissimo periodo, tra le riprese dei videoclip di *Rain* e di *Blame It on the Girls*, riesce a fermarsi in famiglia a Londra. Dopo le feste di fine anno, all'inizio del 2010 si fa un bel regalo: «Ho appena comprato una casa, quindi sono rimasto senza soldi. Non è grande, ma Londra è molto cara!» dice al conduttore Marc-Olivier Fogiel su Europe 1, a fine gennaio.

Una piccola dichiarazione molto significativa, perché annuncia la nuova indipendenza del cantante, che fino a quel momento, come si sa, viveva in famiglia. Alla sua età, è una cosa normale. Jonni, comunque, resta sempre molto vicina a lui, anche se Mika ha affermato: «Abito da solo con il mio pianoforte», prima di aggiungere: «Comprerò un cane. Insomma, mi piace l'idea di averne uno, ma non so se avrò la pazienza di occuparmene».

Così giovane e tuttavia già così celebre, Mika ha ormai, come sir Elton John, la sua statua di cera nel celebre Musée Grévin di Parigi: lui stesso l'ha inaugurata il 6 dicembre 2010. Un anno prima, il 15 dicembre 2009, si era prestato con pazienza alle esigenze dell'arte. Tra foto, video, immagini in 3D e calco delle mani, si dice che Mika sia stato un modello perfetto. All'epoca, ha dichiarato di aspettarsi molto dal suo ritratto di cera. Sempre su Europe 1, il 22 gennaio 2010, ha detto: «Spero che sarà più bello di me, con cinque chili di meno (...), un po' più robusto, muscoloso e senza occhiaie. (...) Sarebbe il tipo che mi piacerebbe essere. (...) Quando sarà finito, andrò a dargli un grosso bacio. L'altro Mika è il mio partner ideale. Con lui non ci sarebbe più solitudine».

Mika forse ogni tanto si sente solo, ma noi lo saremo meno grazie al suo doppio di cera. Perché nel corso dei lunghi anni pieni di successo che gli auguriamo, i suoi fan senz'altro non mancheranno di fargli una piccola visita al Musée Grévin, con gli auricolari in funzione e nuove hit nella testa.

Vedere Mika immobile è così raro...

15
MIKA E L'ITALIA

di Fabrizio Basso

«TU mi fa sorridere.» In queste quattro parole c'è tutto Mika. Prima ancora di *Grace Kelly*, prima ancora del suo outing, prima ancora del pop sbarazzino e *friendly* che ci ha regalato con i suoi tre dischi. Perché per l'Italia Mika è, soprattutto, quello di *X Factor*, quello che ha sedotto nonni, genitori, figli e nipoti. Ma lui arriva nel 2007. Molto prima degli One Direction, che pure figli di *X Factor* sono, quello inglese. Ve lo immaginate a fare da tutor a Liam, Niall, Louis, Zayn e Harry?

Lui, il fratello maggiore che apre loro la strada già nel 2007 con «Life in Cartoon Motion»: energia contagiosa che apre il cuore e la classifica al punto che il commento è «tu pensa stesso di me», perché amare Mika è avere la giusta «frescezza». Una «h» fa la differenza a scuola ma sulle labbra di Mika fa magia.

E se non fosse, così come si spiegherebbero i milioni di tweet che lo accompagnano nel suo viaggio alla *X Factor Arena*? È difficile resistergli. È un pazzo, anzi «pazzio», ma la pronuncia diventa perfetta quando definisce la sua squadra superstar. Forse perché è quello che è lui per i teen. Che lo scoprono solo in tempi più recenti. Quando, nel 2007, conquistò le classifiche col suo pop venato di dance, era un timido ragazzo, cui andavano estorte le parole di bocca. In tremila, e per lo più adulti, nell'aprile di quell'anno, si sono presentati all'*Alcatraz* di Milano per applaudire chi ha «tentato di essere come Grace Kelly ma tutti i suoi sguardi erano troppo tristi, allora ho tentato con un piccolo Freddie e ora sto andando verso una pazza identità». Solo un'ora di concerto per lui, ma sufficiente per decretarne il successo. La sua prima volta in Italia, escludendo l'ospitata al festival di Sanremo, sempre del 2007, dove si è presentato con più riccioli in testa e fresco di un riconoscimento importante poiché nel tradizionale sondaggio Sound of 2007 della BBC, Mika si era aggiudicato il titolo di Most Promising New Artist 2007: si può oggi dire che i 120 votanti, tra giornalisti, critici e deejay, ci hanno visto giusto.

Ma rientriamo all'*Alcatraz*. È stato un trionfo: la Barley Arts di Claudio Trotta, che l'ha portato in

Italia, ha dovuto cambiare per tre volte la location, viste le richieste di biglietti. Quando Mika è apparso all'*Alcatraz* per le prove è rimasto stupito dalla grandezza del palco. Il suo primo pensiero è stato aggiungere spettacolo allo spettacolo e, sborsando di tasca sua circa 1.500 euro, ha acquistato coriandoli, stelle filanti e altre diavolerie da far piovere sul pubblico nell'incalzante finale composto da *Grace Kelly* e *Lollipop*. Magrissimo, con una testa di riccioli castani che lo facevano sembrare un putto, l'allora nuovo fenomeno del pop-rock ha iniziato il suo show poco dopo le 22. Il clima era più da discoteca che da concerto: ancheggiamenti, mossette, voce in falsetto hanno spalmato sulla gente una patina glamour che si è tramutata in una selva di braccia levate al cielo che oscillavano ritmicamente. Il brano che ha aperto lo show è *Relax*. Del suo finora unico album ha eseguito otto canzoni su undici. Le ha integrate con la cover *Everybody's Talkin'* di Harry Nillson e con l'inedito *Holy Johnny*. Dopo un avvio frenetico si siede al piano per *My Interpretation* e *Billy Brown*, brano che gli permette di sfoggiare quell'estensione vocale che l'ha eletto erede di Freddie Mercury. Come sappiamo, il protagonista della canzone è un signore che all'improvviso abbandona moglie e figli per fuggire in Messico con un altro uomo: secondo Mika: «Billy Brown è un sostenitore dei Dico». La hit *Grace Kelly* è il brano della rivincita, un pezzo ironico «contro chi aveva gusti diversi dai miei». Messa su Myspace ha totalizzato oltre settecentomila contatti in meno di sei mesi ed è risultata determinante per creare il fenomeno Mika.

Nel 2009 pubblica «The Boy Who Knew Too Much», un omaggio ad Alfred Hitchcock che richiama *L'uomo che sapeva troppo*: «C'è un approccio pop nella sua regia. E poi io abito in un quartiere strano, quello dove vissero lo stesso Hitchcock e James Matthew Barrie, l'inventore di Peter Pan. Quindi le stranezze sono normali per me». A proposito di stranezze, Mika esce con due singoli, che sono *Blame It on the Girls* e *Rain*. Quest'ultimo racconta la fine di un amore: «Mi piaceva l'idea di ballare su ritmi rancorosi. I singoli sono due perché alcune nazioni hanno preferito uno all'altro. Sto ultimando pure i due video, con lo stesso regista e gli stessi ballerini».

Oltre a una popstar Mika era già considerato un uomo molto fashion. Lui non si sentiva né si sente tale: «Non sono un modello e neanche troppo bello. Comunque il fighetto senza una bella canzone non se lo fila nessuno». Però ha ereditato le scarpe, firmate

Christian Louboutin, che Michael Jackson avrebbe dovuto indossare nel suo concerto *This Is It*. Più che Hitchcock, *Flashdance*!

Quando ha fatto uno showcase, nel dicembre 2009 con una bombetta in testa e cantando la natalizia *Let it snow* in un locale di Milano, il pubblico era tanto, ma ben più adulto. Forse perché era una serata sponsorizzata alla quale il cantante ha partecipato perché restava comunque una bella finestra italiana. Anche nei primi mesi del 2012 ha inventato un magico showcase in una chiesa sconsacrata sempre in centro a Milano: il pubblico restava sempre un po' più adulto. Era quello che lo ha assaggiato con *Grace Kelly*, lo ha apprezzato nel 2009 con «The Boy Who Knew Too Much» ma poi è stato spodestato perché se Mika è entrato nell'empireo del pop lo si deve soprattutto ai giovani che hanno visto in lui il solo capace di colmare un vuoto generazionale. La prova arriva con i bagni di folla alla Fnac, a partire dal 2012. Era novembre ed è apparso in una Fnac invasa dai teen per una mini esibizione acustica: solo l'azzurro della camicia era da innamoramento. Poi quella pashmina intorno al collo e il jeans color mou assai attillato. In quelle ore c'è anche una intervista di Radio Deejay: arriva all'ultimo minuto perché c'è traffico a causa di uno sciopero e lui dice «anche a Londra ci sono spesso scioperi». Non era ancora ufficialmente giudice di *X Factor* ma qualcosa nell'aria già si respirava, perché ci era andato come ospite. E alla domanda degli speaker, se da giovane avrebbe partecipato al talent, lui ha ribattuto: «Chissà se avrei passato le selezioni».

E ora con *X Factor* e *The Voice*, che lo vedrà protagonista in Francia, è diventato un pezzo di cuore. E chissenefrega se certi genitori sono un po' frenati dalla sua omosessualità. Si ricrederanno. Anche quando scopriranno che le sue scarpe sono disegnate e create da un amico famoso per gli stiletti. Immaginate il sorriso di Mika quando, su Facebook e Twitter, si vedrà citato come didascalia a fotografie di quattordicenni e quindicenni che la mattina si presenteranno a fare colazione con pantofole tacco 12. E magari le adolescenti al posto della T-shirt aderente metteranno, a mo' di vestaglia, il suo smoking color vinaccia!

Il suo outing è arrivato sommesso ed è stato racchiuso in due parole. Era l'estate 2012. Ormai Mika è una popstar affermata. Quello che dice fa tendenza. Proprio come per le scarpe e le giacche. E lui se ne esce con un sorridente: «Sono gay». La sua sessualità era oggetto da lungo tempo di una maliziosa curiosità, che è andata crescendo a cavallo tra il 2009 e il

2010 quando un magazine olandese, di una terra cioè notoriamente aperta a tutto, aveva assicurato che era bisessuale. È stato un po' come sfregare la cenere in estate sulla spiaggia quando si accendono fuochi e si canta tutti insieme: in questo caso la fiamma non si è ravvivata ma si è ingigantita. I rumor non si placano ma lui ha deciso di passarci sopra.

Ma anche il «nostro» fratello maggiore a un certo punto decide di dire basta, di fermare il gossip. E dunque rilascia una intervista alla rivista americana *Instinct*. Non gioca con le parole come a *X Factor*, questa volta: «Se mi chiedete se sono gay, io vi rispondo di sì. Mi chiedete se le mie canzoni parlano della relazione con un uomo? Io vi dico sì. Ed è solo attraverso la mia musica che io ho trovato la forza di venire a patti con la mia sessualità al di là dell'argomento dei miei testi. Questa è la mia vita reale». L'intervista viene pubblicata sul numero di settembre del magazine. Fine delle chiacchiere? Certo che no, perché alla curiosità morbosa non c'è mai fine. Anche perché la vera soddisfazione non è l'outing ma sapere chi si porta a letto.

Per avere qualche particolare in più si è dovuto attendere il settembre 2013 e una intervista a *Vanity Fair*, pubblicata il 30 ottobre 2013: «Un matrimonio tradizionale in chiesa no, ma tanti bambini sì. Voglio avere gli stessi diritti di una coppia sposata al cento per cento. Voglio prendermi un impegno al cento per cento. Accadesse, voglio affrontare le conseguenze del rompere quell'impegno al cento per cento». E se gli si chiede se pensa a dei figli, lui alza la posta al mille per cento perché «penso di essere in grado di dare a un figlio amore e una buona educazione, un ambiente accogliente e libero e lo credo al mille per cento». Non ha alcuna perplessità quando rilascia queste dichiarazioni, al punto da sostenere che chi non condivide il suo pensiero è «un povero sciocco».

Ma è fantastico come riesce a ironizzare sulla sua omosessualità: «A *X Factor* mi hanno dato la squadra delle giovani perché faccio meno danni di Morgan». E questo è sicuro, quel birbantello di Marco Castoldi è davvero pericoloso quando sente profumo di... *girl*. Ha aspettato a dichiararsi ma ora non si tira indietro: dice che per gli omosessuali ottenere pari diritti è un fatto inevitabile nell'evoluzione umana e lui lo traduce in una parola: buonsenso. Perché ha scelto di attendere? Non era pronto e lo ha fatto quando si è sentito felice: «E poi», dice sempre nell'intervista rilasciata a *Vanity Fair*, «dovevo sistemare tante cose, prima. Dovevo dirlo a mia zia, a mio zio, agli amici che non lo sapevano. Dovevo parlarne con la mia famiglia e con quella del mio compagno. Non era una cosa che riguardava solo me».

La parola famiglia la pronuncia con immenso rispetto: ha un compagno da sette anni e siccome proviene, Mika, da una famiglia numerosa, se mai dovessero esserci dei figli lui ne prevede quattro o cinque. In tante hanno pianto. Non per la gioia di una famiglia ma per la perdita di un potenziale fidanzato. La blogger Selvaggia Lucarelli ha detto: «Credo di essere in un grosso guaio. Mi sono perdutamente innamorata di Mika. E sottolineo perdutamente. Peccato che sia gay».

Sembra la storia di un uomo vissuto e invece è un viaggio nella vita di un *mad boy* che ai suoi ragazzi fa tirare fuori le palle e sorride davanti allo scherzo degli Ape Escape che gli mettono sulla giacca forfora finta, «e io pensavo fosse altra cosa». Oppure quando scopre che la sua Violetta ha una sorella in Nuova Zelanda con cui si vuole «ringiungere». Mika giudice a *X Factor* sfoggia un italiano più italiano di quello che parlano tanti italiani: dunque come non volergli bene?

Ha scelto di rinfrescare la memoria pubblicando «Songbook Volume 1». Quel numero lascia presupporre un secondo capitolo, ma qui è futuro. Adesso siamo al ritorno al futuro poiché lui ha voluto raccogliere in un solo disco i suoi successi interplanetari. Ma non chiamatelo «Best of». Solo di fronte a questa definizione smorza il suo sorriso sfavillante: «Ho trent'anni», dice, «ed è un po' presto per pensare a un riassunto della mia carriera. Ho ancora tanti progetti da realizzare e tante idee da tradurre in realtà. Il mio best of arriverà. Ma occorre pazienza, lo pubblicherò quando avrò ottantacinque anni».

Se la parola «raccolta» è tabù, la sostituta naturale è «i più grandi successi». E si chiamano *Relax (Take It Easy)*, l'epocale e già citata *Grace Kelly*, *Kick Ass (We Are Young)*, *Rain*, *Celebrate* e *We Are Golden*. L'anglo-libanese vissuto tra Parigi e Londra ha rotto ogni barriera. In due mesi ha digerito una cultura nuova. La sua pronuncia è buona ma continua a far sorridere: dire «choosato» per scelto e «stupidigia» per stupidità scombussolerà le regole. Già sms e tweet hanno modificato l'italiano, con lo strampalato Mika siamo ufficialmente entrati nell'idioma 2.0.

Che potrebbe avere sviluppi devastanti nel suo prossimo disco. Al quale, tra una audizione, una prova, una birra sui Navigli e un voletto in Francia per scaldare *The Voice*, sta già lavorando. Ma c'è un intoppo da risolvere. È risaputo che con Morgan (sarà perché l'iniziale è la stessa e ricorda anche una dolce sensazione alle papille?) è stata subito empatia. Certo, da giudici ogni tanto si beccano, ma poi, quando rientrano nel camerino, la dea Musica li unisce. E chissà che si dicono quando telecamere e microfoni riposano. Ma qualcosa trapela. Magari come simpatica provocazione: «Marco... anzi Morgan mi ha promesso una canzone. La aspetto. Chissà, potrebbe essere il seme di un progetto comune. Abbiamo provato in studio, l'idea è quella di cantare lui in italiano e io in inglese. Morgan al piano è un bambino iperattivo: impressionante, poetico, e molto forte. Ho grande rispetto per lui e ho da imparare. La vita è un ventaglio di sorprese. Io ho debuttato a undici anni con un'opera di Strauss, ho tante cose da fare e prevedo il terzo *songbook* ben oltre gli ottanta. Col primo intendo dire che sono qui».

E aspetta Morgan. Che con quei look originali, da John Lennon a David Bowie a Freddie Mercury, deve anche risvegliargli qualche incubo adolescenziale: «Ero la vittima preferita dei bulli. Vestivo in modo originale, ero dislessico e timido. Ma dentro di me ruggiva un leone. Dovevo trovare il passepartout affinché i miei limiti diventassero una forza». Bulli tremate! Mika è arrivato. E ha pure vinto la dislessia che, sempre quando stava sui banchi di scuola, tanti problemi gli ha creato. Al punto che per un anno è rimasto a casa a studiare canto con un'insegnante russa. Era appassionato di fumetti, gli piaceva disegnare e unire i suoi scarabocchi con delle frecce; e poi leggeva Astro Boy e Lucky Luke. Sarà forse grazie a questi ricordi che nelle sue canzoni si incontra anche una Cenerentola che viene tradita e divorzia? Questo è un altro suo fiore all'occhiello: inventa favole gotiche che trasforma in canzoni. Terzo di cinque fratelli, Mika è un enfant prodige, ribelle per natura, che comincia a fare musica a soli undici anni debuttando a Londra in un'opera lirica. Da quel momento è in continua evoluzione. Pianista autodidatta, ama rompere gli schemi e adora scrivere sopra le righe: «Quando scrivo lo faccio senza pensare, voglio essere libero di fare le canzoni che voglio, nella maniera che mi dà felicità, senza chiedere il permesso a nessuno, attraverso la musica ho trovato la mia libertà». A Milano questa libertà la trova nei locali dei Navigli, dove quando non è impegnato con *X Factor*, va nel tardo pomeriggio, spesso da solo, si siede a un tavolo e scrive. Dunque se vedete qualcuno che gli assomiglia non pensate di avere ingurgitato delle sostanze allucinogene. Potrebbe essere lui davvero. Magari guardategli anche l'orologio: ha disegnato una linea per Swatch. E quando l'ha presentata a Milano, a fine novembre 2013, l'appuntamento era nel pomeriggio, ma i suoi fan si sono presentati già alle prime ore del mattino, incuranti di freddo e pioggia.

Il pop è un mondo strano, che i giovani guardano sovente con sospetto. Oggi fa rima con Lady Gaga e Rihanna. Tanti, troppi, lo considerano un genere commerciale ma non sanno spiegare né che cosa significa musica commerciale né perché deve avere una sfumatura dispregiativa. Mika non ha mai rinnegato la sua «pop-pitude» ma ha anche lavorato per renderla unica. La prova, almeno la più recente, è la collaborazione con Ariana Grande: invisa dai suoi collaboratori e anche dalla sua etichetta. Ma lui non si è scoraggiato. Ha alzato la voce, in tutti i sensi, si è autoprodotto *Popular Song* e il risultato è davanti agli occhi di tutti: oltre trentasei milioni di visualizzazioni su Vimeo. Chissà se leggendo quei numeri si è detto, tra sé e il medesimo, «un successio».

16
«X FACTOR»

di Fabrizio Basso

«TUTTI pensano che sia completamente pazzo e la cosa mi piace.» E non perde occasione per dimostrarlo, Mika, che a furor di popolo è il vero vincitore di *X Factor* 7 pur non essendo in gara.

Che avrebbe scombussolato le regole si era visto fin dai casting. Quando mai un giudice per commentare certe esibizioni ha tirato fuori frasi tipo: «Canti come un gatto drogato» oppure: «Dio mi parla attraverso un auricolare».

Il bello è che tutto nasce sotto il segno della spontaneità: quando sul palco è arrivata la cantante Roberta Pompa, ventidue anni, le possibilità di scivolare sull'ironia erano alte. Difficile ignorare il cognome della concorrente e infatti Mika, che evidentemente dell'italiano non ha studiato solo i classici, ha approcciato allegramente: «Io non parlo tanto italiano, però io capisco pompa. È veramente tuo nome? Mamma Pompa, papà Pompa». Simona Ventura, Morgan ed Elio, gli altri giudici e il pubblico non sono riusciti a trattenere un po' di risatine. Mika, incurante dell'ilarità maliziosa, ha continuato a informarsi sulla vita di Roberta, che si è poi esibita in *Cornflake Girl*, ottenendo quattro sì. Una bella rivincita, secondo Elio, dopo i giochi col suo cognome. Scivolare sui doppi sensi è una caratteristica di Mika: alla conferenza stampa di presentazione del programma, alla domanda su che cosa lo avesse convinto ad accettare il ruolo di giudice, lui sereno ribatte che «mi piace l'energia del programma, ho scopato...» e a questo punto si volta come a cercare conferme e quando non arrivano «... anzi scoperto». In un altro momento, in trasmissione e alla presenza degli altri due giudici, guarda fisso Morgan negli occhi e, mostrando un grumo bianco che stringe tra le dita, dice: «Morgan ho scopierto questo sotto tua sedia (è un chewing-gum) ed è molto *disgusting*». La replica di Marco Castoldi è: «Non è mio, *it's not mine*». Per fare squadra i fab four si trovano nei camerini e cercano di sciogliere la lingua con un buon bicchiere di vino rosso o bianco. Poi le conseguenze si vedono quando i giudici sono chiamati a fare il loro dovere: Mika, con la giacca blu cobalto sopra una T-shirt bianca e una collana di perline colorate, improvvisa jodel, ride scompostamente e appoggia la testa sulla spalla di Elio. Sembrano due fidanzatini. Non fosse che Elio ha famiglia e Mika ha un fidanzato da sette anni, il gossip avrebbe di che sbizzarrirsi. Fa sorridere anche quando a una concorrente dice: «Tu sei una cantante perversa». A chiunque altro non sarebbe stato perdonato. Ma a lui, che colleziona «*I love you*» come un ragazzino app per l'iPhone, tutto è lecito. Anche «Tu canti come un gatto drogato in una discoteca di striptease alle cinque del mattino», anche un «miaooo» da gatti in amore e anche i mix «perché hai chooso questa canzone, anzi sceltato o sceltuto». Poi c'è la coniugazione del verbo essere che Morgan gli chiede di ripassare e lui, da studente modello, sempre in giacca cobalto con una pochette bianca, attacca: «Io sono, tu sei, egli è, noi...» c'è un attimo di pausa e Morgan, sentendosi un direttore d'orchestra, invita il pubblico a fargli da eco... «siamo, voi siete e *fuck-off*», che in inglese è altrettanto efficace ma più elegante.

Ha dei guizzi da cabaret puro, farebbe la sua bella figura anche a *Zelig*. Perché il suo umorismo è spontaneo. Nella quinta puntata Fabio, del team di Morgan, ha proposto una versione personalizzata di *Nuntereggae più* di Rino Gaetano: Mika ha ascoltato con attenzione, anche perché i nomi originari sono stati sostituiti con quelli dei giudici e di altri protagonisti del talent di Sky Uno. Non deve essergli molto piaciuta perché si è inventato un sinonimo di noia assai articolato ma efficace: «Sembri un Julio Iglesias senior in un piano bar vicino di Malpensa». Che solo a pensarla una frase così è da applauso. Che infatti c'è stato ed è stato replicato pochi minuti dopo quando ricongiungere è diventato «ringiungiare». Lui, con quelle fossette e la fama internazionale che lo avvolge come un abito, può dire ciò che vuole. E lo fa molto bene. E dire che all'inizio sapeva solo dire «Sono terrorizzatio». E ora sembra che *X Factor* sia la sua residenza da anni.

L'*X Factor* di Mika è stancante ma lui continua a ripetere di essere «molto felice: fare televisione mi piace, e poi sono stato fortunato: la mia squadra è la migliore, lo pensiamo tutti noi giudici. Penso che una delle mie ragazze potrebbe tranquillamente vincere». E le ragazze che ha scelto all'inizio di questa avventura sono la «country girl» figlia d'arte Violetta Zironi, la «musa indie» Gaia Galizia e la «funambola del rythm & blues» Valentina Tioli. Ma poi aggiunge che tecnicamente Roberta Pompa, che gli è entrata in squadra alla fine della seconda puntata, ha la voce migliore del talent: «Voglio lavorare sul suo stile che invece non è altrettanto forte, è stata una grande sorpresa, dopo averla conosciuta meglio posso dire che è la più alternativa delle quattro». Ma la sua esperienza *X Factor* è durata molto poco, è caduta al primo appuntamento con l'*Hell Factor*, ovvero le due serate che avevano in programma una doppia eliminazione. Tornando alle sue ragazze dice che «a Violetta, la ragazza con l'ukulele, devo cercare di dare un potenziale discografico contemporaneo senza sopprimere la sua vena country-folk; con Valentina c'è più bisogno di migliorare la presentazione, mentre con Gaia devo concentrarmi sulla tecnica, perché di stile ne ha già abbastanza. Lavoro soprattutto sulla loro identità, *X Factor* è un'iniezione di steroidi, io cerco di prepararle alla realtà che le aspetta al di là del talent, fuori è una guerra e le ragazze devono imparare a destreggiarsi anche con le case discografiche, le aiuto a costruirsi una pelle di elefante». La volontà di aiutare i giovani a crescere l'ha dimostrata fin dalla prima puntata quando ha duettato con Chiara Galiazzo, vincitrice della scorsa edizione: hanno proposto una versione inusuale di *Stardust*.

Non sempre però il percorso è lineare. Nella quinta puntata è uscita Valentina, una ragazza di Mika. Sul palco lo ha abbracciato, poi smaltita la delusione è andata all'attacco: «Da lui abbiamo ricevuto tante critiche, è chiaro che questo influisce sul giudizio del pubblico. Forse avrebbe dovuto difendermi, come fa sempre Morgan coi suoi ragazzi». E non paga, la ragazza emiliana gli lancia una bella gufata: «Bisognerà vedere cosa vorrà il pubblico; e poi c'è da capire quale sarà l'artista dal maggior futuro discografico. Io dico Michele».

Ma nonostante questo attacco, a Milano è sempre più Mika-mania. Ha incontrato i fan alla *Fnac*. Un momento per avvicinarlo, farsi autografare il «Songbook Volume 1» e per scattare una foto, da postare poi su Twitter o su Facebook, o comunque da conservare. C'è stato un assalto per partecipare. Mika ha firmato oltre settecento dischi e ha fatto altrettante foto. Una ragazza è venuta appositamente da Foggia, una mamma ha accompagnato la figlia che di Mika ha tutti i dischi. I fan sono giovani, sono adolescenti, vanno al liceo o ai primi anni di università. Tutti assicurano di seguirlo da prima di *X Factor*. Che cosa piace? La rivoluzione che ha portato nella musica e il suo essere stravagante. Al punto che gli hanno perdonato anche l'ora di ritardo quando è apparso, magro come un chiodo, con la sola camicia bianca con un plastron azzurro.

Insomma tutti pazzi per il giudice di *X Factor*. Eppure non è uno di quei bei ragazzoni dal fisico muscoloso, dallo sguardo tenebroso e dal fascino maledetto da uomo vissuto. Ha il fisico esile, l'aria da bravo ragazzo, il viso angelico e la risata straripante e contagiosa. Ha conquistato i cuori di tutte le ragazze ma anche dei ragazzi. In meno di un anno, con la collaborazione di un *teacher* siciliano, ha imparato a parlare fluentemente la nostra lingua. Come ha sottolineato il conduttore Alessandro Cattelan già nella prima puntata, «conosce l'uso del congiuntivo meglio di alcuni italiani». Il popolo di Twitter lo ha adottato: «Mika parla già l'italiano meglio di *Garrison e Heather Parisi*», «Ma quanto è *tenero* Mika che parla italiano», «L'accento che ha Mika quando parla italiano è *il sesso*», «Ho deciso di fare *la tesi di laurea* sull'italiano di Mika», «Dai, *come si fa a non amarlo*. Quando parla italiano, ancora di più».

Anche nelle scelte musicali per la sua squadra Mika, coadiuvato dalla vocal coach Rossana Casale, si è dimostrato originale. In fin dei conti, fin dal primo giorno, il suo motto è: *X Factor* è l'esigenza di cantare.

Siamo alla sera dell'esordio, il 24 ottobre 2013, ed ecco come Mika presenta le sue ragazze al pubblico, ai telespettatori di Sky: per Gaia ha «choosato» *Seven*

Nation Army dei The White Stripes, per Valentina *Where Is the Love?* dei Black Eyed Peas e per Violetta c'è *Let Her Go* di Passenger, un brano che Mika definisce poco famoso in Italia ma un successo nel resto del mondo e si augura che la cantante, con la sua interpretazione, possa regalare un po' di fama a questo pezzo. Tra gli ospiti di questa serata d'esordio le Icona Pop: al termine della loro esibizione Mika ha esclamato «Questo sì che è *X Factor*, caxxo!»

Nella seconda puntata Mika inizia a osare un po' di più. Ha visto quanto può premere l'acceleratore su ognuna delle sue under 25. È vero che lavora con loro da tempo, ma il debutto all'*X Factor Arena*, davanti a un pubblico caldo, poteva smascherare aspetti emotivi che le prove avevano tenuto nascoste. E dunque le manda in gara così: Gaia canta *Bitch* di Meredith Brooks, Valentina fa *Raggamuffin* della magica Selah Sue e Violetta affronta *Le tasche piene di sassi* di Lorenzo Jovanotti.

Nella terza puntata Mika alza assai l'asticella. Ci tiene a fare un po' di vuoto alle sue spalle e portare le sue ragazze più avanti possibile: Violetta canta *Friday I'm in Love* dei Cure, Valentina si cimenta con *Ghetto Supastar* di Pras Ft. ODB & Mya, Gaia canta *I'll Stand by You* dei Pretenders e Roberta *All That She Wants* degli Ace of Base.

Nella quarta puntata, quella che ha portato all'eliminazione di Roberta, Mika ha assegnato a Valentina la difficile ballad *When I Was Your Man* di Bruno Mars, mentre ha scelto *True Colors* di Cindy Lauper per Roberta, *Monna Lisa* di Ivan Graziani per Gaia e infine la struggente *One Day* di Asaf Avidan per Violetta.

Nella quinta puntata, quella che ha portato all'eliminazione di Valentina e le critiche di poca protezione, Mika si è presentato ai nastri di partenza affidando a Gaia Galizia *I Wish I Was a Punk Rocker* di Sandi Thom, a Violetta *Royals* del giovane talento Lorde e a Valentina Tioli *Dove sei* di Neffa.

Nella sesta puntata Mika ha scelto, rispettivamente, *9 to 5* di Dolly Parton per Violetta (e il suo ukulele) e *Heavy Cross* dei Gossip per Gaia, che è stata poi eliminata. Nella seconda manche Violetta ha cantato *Skinny Love* di Bon Iver.

Nel momento in cui si chiude questo libro, Violetta ha conquistato la finale del 12 dicembre, superando le semifinali grazie all'inedito *Dimmi che non passa* e a una preziosa interpretazione di *One* degli U2.

Ma chi è davvero Mika? Chi è questo ragazzo sempre sorridente che ci regala momenti di grande musica? Che è una popstar ma con i piedi per terra? Che racconta il suo amore gay con gli occhi che brillano? Che ha sedotto l'Italia attraverso *X Factor*? La risposta è molto più semplice di quanto si possa immaginare: è un ragazzo dotato di sana «mattia» che tutti vorremmo come compagno di banco. O fratello maggiore. O miglior amico. Anche solo per berci una Heineken insieme cantando a squarciagola tutta la notte. Come fanno i gatti in amore.

DISCOGRAFIA

ALBUM

2007 – «Life in Cartoon Motion»
Pubblicato il 5 febbraio in Europa e il 27 marzo negli Stati Uniti

Tracklist della standard edition:
Grace Kelly - 3:07
Lollipop - 3:03
My Interpretation - 3:35
Love Today - 3:55
Relax (Take It Easy) - 4:30
Any Other World - 4:19
Billy Brown - 3:15
Big Girl (You Are Beautiful) - 4:08
Stuck in the Middle - 4:07
Happy Ending - 4:36

Over My Shoulder (Ghost track) - 4:45

Bonus track delle edizioni australiane e britannica:
Ring Ring - 2:48

Bonus track dell'edizione giapponese:
Ring Ring - 2:48
Your Sympathy - 3:10
Grace Kelly (video)

Tracklist dell'edizione iTunes U.S. e Best Buy:
Grace Kelly (Acoustic version) - 3:05
Love Today (Acoustic version) - 2:48
Satellite (Acoustic version della cover dei Dave Matthews Band) - 4:13

Bonus track dell'edizione digitale canadese:
Grace Kelly (Acoustic version) - 3:14
Stuck In The Middle (Acoustic version) - 3:54
Relax, Take It Easy (Acoustic version) - 3:07

Tracklist dell'edizione americana, canadese e italiana:
Grace Kelly - 3:07
Lollipop - 3:03
My Interpretation - 3:35
Love Today - 3:55

Relax (Take It Easy) - 3:44
Ring Ring - 3:37
Any Other World - 4:19
Billy Brown - 3:14
Big Girl (You Are Beautiful) - 4:08
Stuck in the Middle - 4:08
Erase - 3:39
Happy Ending - 4:36
Over My Shoulder - 4:45

2009 – «The Boy Who Knew Too Much»
Pubblicato il 21 settembre 2009

Tracklist:
We Are Golden - 3:57 (Mika)
Blame It on the Girls - 3:33 (Mika)
Rain - 3:43 (Mika, Jodi Marr)
Dr John - 3:44 (Mika)
I See You - 4:16 (Mika, Walter Afanasieff)
Blue Eyes - 2:49 (Mika)
Good Gone Girl - 3:00 (Mika, Jodi Marr)
Touches You - 3:20 (Mika)
By the Time - 3:18 (Mika, Imogen Heap)
One Foot Boy - 2:58 (Mika, Rob Davis)
Toy Boy - 2:54 (Mika, Jodi Marr)
Pick Up Off the Floor - 3:22 (Mika)

Bonus track della nuova edizione pubblicata il 27 luglio 2010:
Kick Ass (We Are Young) - 3:12
Rain Acoustic - 3:05
Poker Face (Cover di Lady Gaga) - 3:09
Lover Boy - 3:15
Lonely Alcoholic - 3:06
Lady Jane - 3:18
Satellite (Cover dei Dave Matthews Band) - 4:15

2012 – «The Origin of Love»
Pubblicato il 17 settembre 2012

Tracklist:
Origin of Love - 4:37
Lola - 3:45
Stardust - 3:18
Make You Happy - 3:11
Underwater - 3:12
Overrated - 3:38
Kids - 3:04
Love You When I'm Drunk - 2:54
Step With Me - 3:36
Popular Song (feat. Ariana Grande) - 4:06
Emily - 3:34
Heroes - 3:16
Celebrate (feat. Pharrell Williams) - 3:08

Make You Happy (Miami edit) - 3:34

Bonus track dell'edizione deluxe:
Celebrate (Acoustic version) - 3:08
Origin of Love (Acoustic version) - 4:37
Kids (Acoustic version) - 3:04
Love You When I'm Drunk (Acoustic version) - 2:54
Overrated (Acoustic version) - 3:38
Elle me dit - 3:38
Tah Dah - 3:19
Stardust (Benny Benassi mix) - 4:42
Celebrate (Rivera mix) - 5:09

Bonus track dell'edizione deluxe italiana:
Origin of Love (Italian version) - 4:37
Stardust (Italian version) - 3:18
Celebrate (Acoustic version) - 3:08
Origin of Love (Acoustic version) - 4:37
Kids (Acoustic version) - 3:04
Love You When I'im Drunk (Acoustic version) - 2:54
Overrated (Acoustic version) - 3:38
Elle me dit - 3:38
Tah Dah - 3:19
Celebrate (Rivera mix) - 5:09

EP

2006 – «Dodgy Holiday»
Pubblicato in digitale il 20 novembre 2006 e in disco nel febbraio 2007

Tracklist:
Billy Brown - 3:15
Love Today (Acoustic version) - 2:56
Relax, Take It Easy (BBC Blue Room session) - 3:45
My Interpretation (Acoustic version) - 2:50

2009 – «Songs for Sorrow»
Pubblicato il 15 maggio 2009 in digitale e in disco l'8 giugno

Tracklist della versione digitale:
Lonely Alcoholic - 3:08
Lady Jane - 3:19
Blue Eyes - 2:52

Tracklist del disco:
Lady Jane - 3:19
Blue Eyes - 2:52
Toy Boy - 2:59

RACCOLTE

2013 – «Songbook Volume 1»
Pubblicata il 12 novembre 2013

Tracklist:
Relax (Take it Easy) (new version) - 3:42
Grace Kelly - 3:07
Stardust (feat. Chiara Galiazzo) - 3:24
Celebrate (feat. Pharrell Williams) - 3:05
We Are Golden - 3:57
Origin of Love (radio edit) - 3:13
Big Girl (You Are Beautiful) - 4:07
Rain - 3:44
Underwater (album version) - 3:09
Popular Song (feat. Ariana Grande) - 3:18
Blame It on the Girls - 3:33
Live Your Life (english version) - 2:58
Love Today (new version) - 3:53
Kick Ass (We Are Young) (feat. RedOne) - 3:12
Happy Ending (L.A. edit) - 3:32

SINGOLI

2006 – *Grace Kelly*
2007 – *Relax (Take It Easy)*
2007 – *Love Today*

2007 – *Happy Ending*
2008 – *Big Girl (You Are Beautiful)*
2008 – *Lollipop*
2009 – *We Are Golden*
2009 – *Rain*
2009 – *Blame It on the Girls*
2010 – *Kick Ass*
2011 – *Elle me dit*
2012 – *Celebrate* (feat. Pharrell Williams)
2012 – *Underwater*
2013 – *Popular Song* (feat. Ariana Grande)
2013 – *Live Your Life*
2013 – *Stardust* (feat. Chiara Galiazzo)

DVD

2007 – «Live in Cartoon Motion»

Tracklist:
Relax, Take It Easy
Big Girl (You Are Beautiful)
My Interpretation
Billy Brown
Any Other World
Stuck in the Middle
Ring Ring

Sweet Dreams (Are Made of This)
(Cover degli Eurythmics)
Holy Johnny
Happy Ending
I Want You Back
Love Today
Grace Kelly
Lollipop

Extra:
Documentario – *A Long Way From Home*
Videoclip – *Grace Kelly*; *Relax, Take It Easy*; *Big Girl (You Are Beautiful)*; *Happy Ending*; *Love Today*
Performance tv – *Grace Kelly* (live a *Later... With Jools Holland*); *Everybody's Talkin'* (live al *Ronnie Scott's*); *Love Today* (live al *Ronnie Scott's*)

2008 – «Live Parc des Princes - Paris»

Tracklist:
Relax, Take It Easy
Big Girl (You Are Beautiful)
My Interpretation
Billy Brown
Holy Johnny
Any Other World
Ring Ring

Stuck in the Middle
Rain
Just Can't Get Enough
Happy Ending
Love Today
Grace Kelly
Animal Play
Lollipop
Grace Kelly (Acoustic version)
Relax, Take It Easy
Making of the Parc Des Princes show

Extra:
Videoclip – *Lollipop*
Performance tv – *Grace Kelly* (live a *Hootenanny*)

Finito di stampare nel gennaio 2014
presso ELCOGRAF S.p.A.
Stabilimento di Cles (TN)
Printed in Italy